Mohammad Kaleem Galamali

Exercícios práticos para calculadoras electrónicas e de fabrico

Mohammad Kaleem Galamali

Exercícios práticos para calculadoras electrónicas e de fabrico

Um conjunto pronto de exercícios práticos para ajudar os académicos

ScienciaScripts

Imprint
Any brand names and product names mentioned in this book are subject to trademark, brand or patent protection and are trademarks or registered trademarks of their respective holders. The use of brand names, product names, common names, trade names, product descriptions etc. even without a particular marking in this work is in no way to be construed to mean that such names may be regarded as unrestricted in respect of trademark and brand protection legislation and could thus be used by anyone.

Cover image: www.ingimage.com

This book is a translation from the original published under ISBN 978-620-7-46562-0.

Publisher:
Sciencia Scripts
is a trademark of
Dodo Books Indian Ocean Ltd. and OmniScriptum S.R.L publishing group

120 High Road, East Finchley, London, N2 9ED, United Kingdom
Str. Armeneasca 28/1, office 1, Chisinau MD-2012, Republic of Moldova, Europe
Printed at: see last page
ISBN: 978-620-7-73928-8

Reconhecimentos

Escrever um manuscrito é uma nobre aventura que, no entanto, não pode ser realizada sem o apoio e incentivo de pessoas próximas ao autor, ao longo de vários meses. É após a conclusão do empreendimento que a apreciação da realização pode ser sentida no fundo do coração do autor, especialmente porque este é o meu vigésimo quinto conjunto de exercícios práticos elaborados.

Como crente, considero fundamental agradecer de coração a Deus por Seus extensos favores em cada passo da vida. Agradeço de coração à minha esposa pelo apoio contínuo em casa neste trabalho acadêmico, brainstorming, críticas relevantes e cuidado com nossos três filhos. Agradecimentos especiais aos meus pais por auxiliarem na babá de nossos filhos durante os dias de trabalho e por todos os outros favores que nos concedem.

No entanto, agradecimentos excepcionais vão aqui para os meus professores, juntamente com os meus supervisores de doutorado, Professor Dr. Nawaz Ali Mohamudally e Professor Dr. Nimal Nissanke por suas sessões muito dedicadas de aconselhamento e treinamento. Sempre sinto sua presença espiritual ao longo de minhas atividades acadêmicas.

" Nós moldamos nossos edifícios, depois eles nos moldam" – Winston Churchill

Dr. Mohammad Kaleem GALAMALI (PhD), Acadêmico Pensador Visionário.

República das Maurícias, fevereiro de 2024

E-mail: mkaleemg@gmail.com

Abstrato

Após vinte e quatro conjuntos de exercícios práticos apresentados em manuscritos anteriores, ampliei minha experiência do módulo ensinado anteriormente para produzir este manuscrito. Aqui, um conjunto sucessivo de 33 exercícios práticos escritos de forma coesa em softwares , pertencentes à área de Calculadoras de Engenharia Eletrônica e de Fabricação, foi apresentado, em um estilo semelhante aos manuscritos anteriores. O objetivo de facilitar aos jovens acadêmicos a obtenção de um conjunto pronto de exercícios práticos continua aqui. Este conjunto de exercícios aplica-se melhor aos níveis iniciantes em cursos universitários. É claro que sua aplicabilidade a cursos de nível avançado pode ser apreciada por muitos acadêmicos, a seu critério. Ressalta-se aqui que as adaptações desses exercícios pelos acadêmicos às suas necessidades são muito possíveis.

Pressupõe-se, a este nível, que o hardware necessário, para cada exercício em causa, seja disponibilizado aos alunos em causa.

É fortemente recomendado aqui que os alunos elaborem folhas de resumo boas/viáveis para cada exercício, juntamente com a redação do relatório adequado e as referências necessárias. Para cada exercício, é necessária uma parte de análise por parte dos alunos para desenvolver o seu pensamento e capacidades críticas/profissionais. A maioria dos exercícios foi desenvolvida para computadores/laptops junto com os smartphones/tablets atualmente em alta.

Claro, é sempre recomendável que os alunos se comuniquem adequadamente com seu treinador, que por sua vez é recomendado a realizar acompanhamentos de perto.

Glossário

TIC	Tecnologias de informação e comunicação.
PCB	Placa de circuito impresso.
PWI	Impedância de fio paralelo.
RF	Frequência de rádio.

Publicações anteriores relacionadas

1. **Dr. Galamali Mohammad Kaleem** , " Hardware-Related Practical Exercises in ICT Fundamentals - A ready-made Set of Practical Exercises for Assisting Academicians" **, LAP LAMBERT Academic Publishing – membro do grupo OmniScriptum SRL Publishing, Moldávia, 07 de julho de 2023,** ISBN: **978-620-6-18485-0**
2. **Dr. Galamali Mohammad Kaleem** , " Practical Exercises for Business and Management Softwares - A ready-made Set of Practical Exercises for Assisting Academicians" , **LAP LAMBERT Academic Publishing – membro do grupo OmniScriptum SRL Publishing, Moldávia, 24 de julho de 2023,** ISBN: **978-620-6-75178-6**
3. **Dr. Galamali Mohammad Kaleem** , " Practical Exercises for Personal Empowerment softwares - A ready-made Set of Practical Exercises for Assisting Academicians" , **LAP LAMBERT Academic Publishing – membro do grupo OmniScriptum SRL Publishing, Moldávia, 13 de agosto de 2023,** ISBN: **978-620-6-75571-5**
4. **Dr. Galamali Mohammad Kaleem** , " Practical Exercises for Improving Security in ICT - A ready-made Set of Practical Exercises for Assisting Academicians" , **LAP LAMBERT Academic Publishing – membro do grupo OmniScriptum SRL Publishing, Moldávia, 7 de setembro de 2023,** ISBN: **978-620-6-78292-6**
5. **Dr. Galamali Mohammad Kaleem** , " Exercícios práticos para aprimoramento de habilidades pessoais em TIC - Um conjunto pronto de exercícios práticos para auxiliar acadêmicos" , **LAP LAMBERT Academic Publishing – membro do grupo OmniScriptum SRL Publishing, Moldávia, 22 nd Setembro de 2023,** ISBN: **978-620-6-78607-8**
6. **Dr. Galamali Mohammad Kaleem** , " Exercícios Práticos para Empoderamento Comunitário - Um Conjunto Pronto de Exercícios Práticos para Auxiliar Acadêmicos" **, LAP LAMBERT Academic Publishing – membro do grupo OmniScriptum SRL Publishing, Moldávia, 3º Outubro de 2023,** ISBN: **978-620-6-78790-7**

7. **Dr. Galamali Mohammad Kaleem ,** " Exercícios Práticos para Softwares de Apoio à Educação - Um Conjunto Pronto de Exercícios Práticos para Auxiliar Acadêmicos" , **LAP LAMBERT Academic Publishing – membro do grupo OmniScriptum SRL Publishing, Moldávia, 12º Outubro de 2023,** ISBN: **978-620-6-78911-6**
8. **Dr. Galamali Mohammad Kaleem ,** " Exercícios práticos para softwares multimídia e de entretenimento - um conjunto pronto de exercícios práticos para auxiliar acadêmicos" , **LAP LAMBERT Academic Publishing – membro do grupo OmniScriptum SRL Publishing, Moldávia, 20º Outubro de 2023,** ISBN: **978-620-6-79079-2**
9. **Dr. Galamali Mohammad Kaleem ,** " Exercícios práticos para softwares de assistência profissional especializados - um conjunto pronto de exercícios práticos para auxiliar acadêmicos" , **LAP LAMBERT Academic Publishing – membro do grupo OmniScriptum SRL Publishing, Moldávia, 24th Outubro de 2023,** ISBN: **978-620-6-79195-9**
10. **Dr. Galamali Mohammad Kaleem ,** " Exercícios práticos para melhorar as habilidades técnicas em TIC - Um conjunto pronto de exercícios práticos para auxiliar acadêmicos" , **LAP LAMBERT Academic Publishing – membro do grupo OmniScriptum SRL Publishing, Moldávia, 30º Outubro de 2023,** ISBN: **978-620-6-79274-1**
11. **Dr. Galamali Mohammad Kaleem ,** " Exercícios práticos para atualizar habilidades em TIC e smartphones - um conjunto pronto de exercícios práticos para auxiliar acadêmicos" , **LAP LAMBERT Academic Publishing – membro do grupo OmniScriptum SRL Publishing, Moldávia, 10º Novembro de 2023,** ISBN: **978-620-6-84371-9**
12. **Dr. Galamali Mohammad Kaleem ,** " Practical Software Exercises for Self-Learning Empowerment - A ready-made Set of Practical Exercises for Assisting Academicians" **, LAP LAMBERT Academic Publishing – membro do grupo OmniScriptum SRL Publishing, Moldova, 14th Novembro de 2023,** ISBN: **978-620-3-02687-0**
13. **Dr. Galamali Mohammad Kaleem ,** " Exercícios práticos para edificar a sociedade com softwares - um conjunto pronto de exercícios práticos para auxiliar acadêmicos" , **LAP LAMBERT Academic Publishing – membro do grupo OmniScriptum SRL Publishing, Moldávia, 17º Novembro de 2023,** ISBN: **978-620-3-30354-4**

14. **Dr. Galamali Mohammad Kaleem ,** " Exercícios práticos para aprimorar habilidades de engenharia de software - um conjunto pronto de exercícios práticos para auxiliar acadêmicos" , **LAP LAMBERT Academic Publishing – membro do grupo OmniScriptum SRL Publishing, Moldávia, 21 st Novembro de 2023,** ISBN: **978-620-6-84666-6**
15. **Dr. Galamali Mohammad Kaleem ,** " Practical Exercises for Enhancing Professional Sports softwares - A ready-made Set of Practical Exercises for Assisting Academicians" , **LAP LAMBERT Academic Publishing – membro do grupo OmniScriptum SRL Publishing, Moldova, 29th Novembro de 2023,** ISBN: **978-620-7-44749-7**
16. **Dr. Galamali Mohammad Kaleem ,** " Exercícios práticos de software para auxiliar profissões específicas - um conjunto pronto de exercícios práticos para auxiliar acadêmicos" , **LAP LAMBERT Academic Publishing – membro do grupo OmniScriptum SRL Publishing, Moldávia, 30º Novembro de 2023,** ISBN: **978-620-7-44888-3**
17. **Dr. Galamali Mohammad Kaleem ,** " Exercícios práticos de software para o bem-estar social geral - um conjunto pronto de exercícios práticos para auxiliar acadêmicos" **, LAP LAMBERT Academic Publishing – membro do grupo OmniScriptum SRL Publishing, Moldávia, 30º Novembro de 2023,** ISBN: **978-620-7-44933-0**
18. **Dr. Galamali Mohammad Kaleem ,** " Exercícios práticos para softwares de bem-estar humano - um conjunto pronto de exercícios práticos para auxiliar acadêmicos" **, LAP LAMBERT Academic Publishing – membro do grupo OmniScriptum SRL Publishing, Moldávia, 04 th Dezembro de 2023,** ISBN: **978-620-7-44949-1**
19. **Dr. Galamali Mohammad Kaleem ,** " Exercícios práticos para softwares de uso geral - Um conjunto pronto de exercícios práticos para auxiliar acadêmicos" **, LAP LAMBERT Academic Publishing – membro do grupo OmniScriptum SRL Publishing, Moldávia, 05 th Dezembro de 2023,** ISBN: **978-620-7-45015-2**
20. **Dr. Galamali Mohammad Kaleem ,** " Exercícios Práticos para Softwares Multimídia Modernos para Negócios - Um Conjunto Pronto de Exercícios Práticos para Auxiliar Acadêmicos" , **LAP LAMBERT Academic Publishing – membro do grupo OmniScriptum SRL Publishing, Moldávia, 07 th Dezembro de 2023,** ISBN: **978-620-7-45056-5**

21. **Dr. Galamali Mohammad Kaleem** , " Exercícios práticos para TIC modernas e ferramentas de calculadora de negócios - um conjunto pronto de exercícios práticos para auxiliar acadêmicos" , **LAP LAMBERT Academic Publishing – membro do grupo OmniScriptum SRL Publishing, Moldávia, 11º dezembro de 2023,** ISBN: **978-620-7-45106-7**
22. **Dr. Galamali Mohammad Kaleem** , " Practical Exercises for Modern Physics and Construction Tools - A ready-made Set of Practical Exercises for Assisting Academicians" , **LAP LAMBERT Academic Publishing – membro do grupo OmniScriptum SRL Publishing, Moldávia, 18 de janeiro 2024,** ISBN: **978-620-7-45976-6**
23. **Dr. Galamali Mohammad Kaleem** , " Practical Exercises for Multi-Usage Professional Software Calculators - A ready-made Set of Practical Exercises for Assisting Academicians" , **LAP LAMBERT Academic Publishing – membro do grupo OmniScriptum SRL Publishing, Moldávia, 26 de janeiro 2024,** ISBN: **978-620-7-46016-8**

Índice

Seção 1: Calculadoras de indutância e impedância.

1.1 Tarefa 1: Calculadora de Indutor Paralelo Programas .

Recomendação: realizar em grupos de 2 alunos

Tempo prático sugerido – cerca de 6 horas

Você pode consultar os seguintes sites e mais fontes:

https://www.omnicalculator.com/physics/parallel-inductors

https://www.translatorscafe.com/unit-converter/en-US/calculator/parallel-inductance/

https://www.everythingpe.com/calculators/parallel-inductance-calculator

https://www.learningaboutelectronics.com/Articles/Parallel-and-series-inductor-calculator.php

https://3roam.com/parallel-inductance-calculator/

https://diyaudioprojects.com/Technical/Electronics/parallel-inductor-calculator.htm

https://www.allaboutcircuits.com/tools/parallel-wire-inductance-calculator/

https://www.calctown.com/calculators/circuit-parallel-inductance-calculator

https://chemandy.com/calculators/ac-networks/capacitor-and-inductor-in-parallel-calculator.htm

https://www.easycalculation.com/engineering/electrical/parallel-inductance.php

https://www.calctool.org/electronics/parallel-inductors

https://physics.icalculator.com/circuit-parallel-inductance-calculator.html

https://www.mathforengineers.com/AC-circuits-calculators/parallel-RL-circuit-Impedance.html

https://www.eeweb.com/tools/parallel-wire-inductance/

https://www.redcrab-software.com/en/Calculator/Electrics/RL-Parallel-Circuit

https://chemandy.com/calculators/ac-networks/inductor-and-resistor-in-parallel-calculator.htm

https://ezcalc.me/inductors-in-parallel-calculator/

https://m0ukd.com/calculators/parallel-resistor-inductor-or-series-capacitor-calculator/

https://www.electronics-tutorials.ws/inductor/parallel-inductors.html

https://www.mathforengineers.com/AC-circuits-calculators/parallel-RLC-circuit-Impedance.html

https://electronicsreference.com/calculators/inductors_in_parallel_calculator/

https://in.pinterest.com/pin/series-and-parallel-inductor-calculator-add-unlimited--719309371756134158/

https://www.easycalculation.com/physics/electromagnetismo/parallel-inductor.php

https://www.apogeeweb.net/tools/rlc-parallel-calculator.html

https://www.calctown.com/calculators/parallel-wire-inductance

https://www.petervis.com/Radios/parallel-tuned-circuit-calculator/parallel-tuned-circuit-calculator-1.html

https://electronicsreference.com/calculators/inductor_calculators/

https://www.digikey.com/en/resources/conversion-calculators/conversion-calculator-series-and-parallel-capacitor

Investigue na calculadora de indutor paralelo Softwares e sua instalação em 5 softwares /aplicativos diferentes , usando uma combinação dos seguintes métodos:

i. Baixe versões gratuitas dessa calculadora moderna de indutor paralelo Softwares e execute-os localmente em seu laptop/computador.
ii. Baixe versões gratuitas dessa calculadora moderna de indutor paralelo Softwares e execute-os localmente em seu smartphone/tablet.

Este exercício treinará os alunos no uso de tal Calculadora Moderna de Indutores Paralelos Softwares e suas opções disponíveis e apresentá-los à nova era da Calculadora Moderna de Indutores Paralelos Softwares em smartphones e tablets. Uma pequena amostra de diferentes calculadoras modernas de indutores paralelos Softwares também são abordados aqui. Eles podem ser necessários posteriormente durante seu curso, carreira e pesquisa. Também pode servir como um estudo preliminar para aprender mais avançado/licenciado, como Calculadora Indutora Paralela Moderna Programas . Os resultados deverão ser demonstrados ao docente, antes da submissão. A submissão pode ser feita em cópia impressa ou eletrônica on-line. Siga as instruções subsequentes, incluindo os prazos relevantes, conforme indicado pelo docente. Os resultados esperados incluem um relatório docx /pdf, em bom formato, contendo o seguinte:

i. Uma folha de resumo da tarefa devidamente elaborada e preenchida.
ii. os detalhes do computador/laptop no qual as calculadoras de indutores paralelos serão instaladas ou as versões on-line do software.
iii. calculadora moderna de indutor paralelo gratuita Softwares baixados e seus detalhes, incluindo detalhes de instalação.
iv. Calculadora Moderna de Indutor Paralelo gratuita Softwares , com cenários de demonstração de entrada fornecida e saída alcançada, possíveis detalhes sobre o nível de sucesso alcançado etc. em cada Software Calculadora de Indutor Paralelo .

v. Uma análise sucessiva das diferentes calculadoras modernas de indutores paralelos Softwares e qual você considera melhor como software gratuito para laptop/computador.

vi. Os detalhes do smartphone/tablet sobre o qual a Calculadora Moderna de Indutores Paralelos Softwares serão instalados.

vii. Relatório de execução de tal calculadora moderna de indutor paralelo Softwares em smartphones/tablets, com cenários de demonstração de entrada fornecida e saída alcançada, possíveis detalhes sobre o nível de sucesso alcançado, etc. em cada Calculadora de Indutor Paralelo .

viii. Uma análise sucessiva das diferentes calculadoras modernas de indutores paralelos Softwares e qual você considera o melhor suporte para smartphones/tablets.

ix. Um capítulo de conclusões abrangente.

x. Referências em questão.

xi. Seção "Apêndice" que possui basicamente 3 partes: a primeira parte trata da alocação de tarefas no grupo, a segunda parte da atribuição de agendamento de tarefas e a terceira parte trata das notas de supervisão da reunião e das orientações nelas fornecidas.

1.2 Tarefa 2 : Calculadora de PWI, indutância, capacitância e propagação Programas

.

Recomendação: realizar em grupos de 2 alunos

Tempo prático sugerido – cerca de 6 horas

Você pode consultar os seguintes sites e mais fontes:

https://engineering.icalculator.com/parallel-wire-impedance-inductance-capacitance-propagation-delay-calculator.html

https://il.farnell.com/twisted-pair-impedance

Investigue em PWI (Impedência de Fio Paralelo), Indutância, Capacitância e Calculadora de Propagação Softwares e sua instalação em 5 softwares /aplicativos diferentes , usando uma combinação dos seguintes métodos:

i. Baixe versões gratuitas dessa calculadora moderna de PWI, indutância, capacitância e propagação Softwares e execute-os localmente em seu laptop/computador.

ii. Baixe versões gratuitas dessa calculadora moderna de PWI, indutância, capacitância e propagação Softwares e execute-os localmente em seu smartphone/tablet.

Este exercício treinará os alunos no uso de calculadoras modernas de PWI, indutância, capacitância e propagação. Softwares e suas opções disponíveis e apresentá-los à nova era dessas calculadoras modernas de PWI, indutância, capacitância e propagação Softwares em smartphones e tablets. Uma pequena amostra de diferentes calculadoras modernas de PWI, indutância, capacitância e propagação Softwares também são abordados aqui. Eles podem ser necessários posteriormente durante seu curso, carreira e pesquisa. Também pode servir como um estudo preliminar para o aprendizado mais avançado/licenciado, como Calculadora Moderna de PWI, Indutância, Capacitância e Propagação. Programas . Os resultados deverão ser demonstrados ao docente, antes da submissão. A submissão pode ser feita em cópia impressa ou eletrônica on-line. Siga as instruções subsequentes, incluindo os prazos relevantes, conforme indicado pelo docente. Os resultados esperados incluem um relatório docx /pdf, em bom formato, contendo o seguinte:

i. Uma folha de resumo da tarefa devidamente elaborada e preenchida.
ii. Os detalhes do computador/laptop sobre o qual a Calculadora Moderna de PWI, Indutância, Capacitância e Propagação Os softwares serão instalados ou as versões de software online serão acessadas.
iii. A calculadora moderna gratuita de PWI, indutância, capacitância e propagação Softwares baixados e seus detalhes, incluindo detalhes de instalação.
iv. Relatório de execução da moderna calculadora PWI, indutância, capacitância e propagação gratuita Softwares , com cenários de demonstração de entrada fornecida e saída alcançada, possíveis detalhes sobre o nível de sucesso alcançado etc. em cada software moderno de calculadora de PWI, indutância, capacitância e propagação .
v. Uma análise sucessiva dos diferentes PWI moderno, calculadora de indutância, capacitância e propagação Softwares e qual você considera melhor como software gratuito para laptop/computador.
vi. Os detalhes do smartphone/tablet sobre o qual a Calculadora Moderna de PWI, Indutância, Capacitância e Propagação Softwares serão instalados.
vii. Relatório de execução de tal calculadora moderna de PWI, indutância, capacitância e propagação Softwares em smartphones/tablets, com cenários de demonstração de

entrada fornecida e saída alcançada, possíveis detalhes sobre o nível de sucesso alcançado, etc. em cada software de calculadora de PWI, indutância, capacitância e propagação .

viii. Uma análise sucessiva das diferentes calculadoras PWI, Indutância, Capacitância e Propagação e qual você considera o melhor suporte para smartphones/tablets.

ix. Um capítulo de conclusões abrangente.

x. Referências em questão.

xi. Seção "Apêndice" que possui basicamente 3 partes: a primeira parte trata da alocação de tarefas no grupo, a segunda parte da atribuição de agendamento de tarefas e a terceira parte trata das notas de supervisão da reunião e das orientações nelas fornecidas.

1.3 Tarefa 3 : Calculadora de indutância toróide por volta Programas .

Recomendação: realizar em grupos de 2 alunos

Tempo prático sugerido – cerca de 6 horas

Você pode consultar os seguintes sites e mais fontes:

https://www.easycalculation.com/engineering/electrical/toroid-inductance-calculator.php

https://www.nessengr.com/technical-data/toroid-inductor-formulas-and-calculator/

https://coil32.net/online-calculators/ferrite-torroid-calculator.html

https://engineering.icalculator.com/toroid-inductance-per-turn-calculator.html

https://www.ee-diary.com/2022/02/toroid-inductor-online-calculator.html

https://www.66pacific.com/calculators/toroid-coil-winding-calculator.aspx

https://calculator.academy/toroid-inductance-calculator/

http://hyperphysics.phy-astr.gsu.edu/hbase/magnetic/indtor.html

https://physics.icalculator.com/toroid-inductance-calculator.html

https://www.coilwindingmachines.eu/engineers_corner/toroidal_calculations.html

https://kv-electronics.com/blog/calculating-inductance-ferrite-transformers-and-inductors

https://www.allaboutcircuits.com/tools/coil-inductance-calculator/

https://electronics.stackexchange.com/questions/83129/inductance-calculation-for-a-toroid-core

https://vk6ysf.com/iron_toroidial_core_inductor_design.htm

https://calculator.academy/ferrite-inductor-calculator/

https://www.changpuak.ch/electronics/amidon_toroid_calculator.php

http://robruark.com/other/Calculators/magnetics_calculator/index.html

Investigue na calculadora de indutância toróide por volta Softwares e sua instalação em 5 softwares /aplicativos diferentes , usando uma combinação dos seguintes métodos:

i. Baixe versões gratuitas dessa calculadora moderna de indutância toróide por volta Softwares e execute-os localmente em seu laptop/computador.

ii. Baixe versões gratuitas dessa calculadora moderna de indutância toróide por volta Softwares e execute-os localmente em seu smartphone/tablet.

Este exercício treinará os alunos no uso de tal calculadora moderna de indutância toróide por volta Softwares e suas opções disponíveis e apresentá-los à nova era da moderna calculadora de indutância toróide por volta Softwares em smartphones e tablets. Uma pequena amostra de diferentes calculadoras modernas de indutância toróide por volta Softwares também são abordados aqui. Eles podem ser necessários posteriormente durante seu curso, carreira e pesquisa. Ele também pode servir como um estudo preliminar para aprender mais avançado/licenciado, como Calculadora Moderna de Indutância Toróide por Turno. Programas . Os resultados deverão ser demonstrados ao docente, antes da submissão. A submissão pode ser feita em cópia impressa ou eletrônica on-line. Siga as instruções subsequentes, incluindo os prazos relevantes, conforme indicado pelo docente. Os resultados esperados incluem um relatório docx /pdf, em bom formato, contendo o seguinte:

i. Uma folha de resumo da tarefa devidamente elaborada e preenchida.

ii. Os detalhes do computador/laptop no qual as calculadoras de indutância por volta toróide serão instaladas ou as versões do software on-line serão acessadas.

iii. calculadora moderna gratuita de indutância toróide por volta Softwares baixados e seus detalhes, incluindo detalhes de instalação.

iv. Relatório de execução da calculadora moderna de indutância toróide por volta gratuita Softwares , com cenários de demonstração de entrada fornecida e saída alcançada, possíveis detalhes sobre o nível de sucesso alcançado, etc. em cada uma das calculadoras modernas de indutância toróide por turno baixadas Programas .

v. Uma análise sucessiva das diferentes calculadoras de indutância toróide por volta Softwares e qual você considera melhor como software gratuito para laptop/computador.

vi. Os detalhes do smartphone/tablet sobre o qual a calculadora moderna de indutância toróide por volta Softwares serão instalados.

vii. Relatório de execução de tal calculadora moderna de indutância toróide por volta Softwares em smartphones/tablets, com cenários de demonstração de entrada fornecida e saída alcançada, possíveis detalhes sobre o nível de sucesso alcançado, etc. em cada uma das calculadoras modernas de indutância toróide por volta Programas .

viii. Uma análise sucessiva das diferentes calculadoras de indutância toróide por volta Softwares e qual você considera o melhor suporte para smartphones/tablets.

ix. Um capítulo de conclusões abrangente.

x. Referências em questão.

xi. Seção "Apêndice" que possui basicamente 3 partes: a primeira parte trata da alocação de tarefas no grupo, a segunda parte da atribuição de agendamento de tarefas e a terceira parte trata das notas de supervisão da reunião e das orientações nelas fornecidas.

1.4 Tarefa 4 : Calculadora de Impedância Stripline Programas .

Recomendação: realizar em grupos de 2 alunos

Tempo prático sugerido – cerca de 6 horas

Você pode consultar os seguintes sites e mais fontes:

https://www.pasternack.com/t-calculator-stripline.aspx

https://www.allaboutcircuits.com/tools/metric-stripline-impedance-calculator/

https://www.eeweb.com/tools/metric-stripline-impedance/

https://www.allaboutcircuits.com/tools/ametric-stripline-impedance-calculator/

https://leleivre.com/rf_stripline.html

https://resources.altium.com/p/stripline-impedance-calculator

https://www.digikey.com/en/resources/conversion-calculators/conversion-calculator-pcb-trace-impedance

https://www.microwaves101.com/calculators/1202-stripline-calculator

https://www.eeweb.com/tools/ametric-stripline-impedance/

https://emclab.mst.edu/resources/tools/pcb-trace-impedance-calculator/stripline/

https://flexautomotive.net/emc_calc/asmstrip.htm

https://www.electronicsforu.com/special/symmetric-stripline-impedance-calculator

https://www.a8blog.com/en_stripline.htm

http://pwcircuits.co.uk/strip-line-calculator/

https://learnemc.com/EXT/calculators/PCB-TL_Calculator/dual.html

https://flexautomotive.net/emc_calc/strip.htm

https://www.gemcircuits.co.uk/tools/stripline_zo.aspx

https://www.apogeeweb.net/tools/ametric-stripline-impedance.html

https://www.m-onoda.com/calculator/www.ideaconsulting.com/strip.htm

https://calculator.academy/stripline-impedance-calculator/

https://www.easycalculation.com/engineering/electrical/stripline-pcb-impedance.php

https://www.rfwireless-world.com/calculators/Strip-line-impedance-calculator.html

https://www.electronicsforu.com/special/wire-stripline-impedance-calculator

Investigue na Calculadora de Impedância Stripline Softwares e sua instalação em 5 softwares /aplicativos diferentes , usando uma combinação dos seguintes métodos:

i. Baixe versões gratuitas dessa Calculadora Moderna de Impedância Stripline Softwares e execute-os localmente em seu laptop/computador.
ii. Baixe versões gratuitas dessa Calculadora Moderna de Impedância Stripline Softwares e execute-os localmente em seu smartphone/tablet.

Este exercício treinará os alunos no uso da Calculadora Moderna de Impedância Stripline Softwares e suas opções disponíveis e apresentá-los à nova era da Modern Stripline Impedance Calculator Softwares em smartphones e tablets. Uma pequena amostra de diferentes calculadoras modernas de impedância Stripline Softwares também são abordados aqui. Eles podem ser necessários posteriormente durante seu curso, carreira e pesquisa. Também pode servir como um estudo preliminar para aprender mais avançado/licenciado, como Modern Stripline Impedance Calculator Programas . Os resultados deverão ser demonstrados ao docente, antes da submissão. A submissão pode ser feita em cópia impressa ou eletrônica on-line. Siga as instruções subsequentes, incluindo os prazos relevantes, conforme indicado pelo docente. Os resultados esperados incluem um relatório docx /pdf, em bom formato, contendo o seguinte:

i. Uma folha de resumo da tarefa devidamente elaborada e preenchida.
ii. os detalhes do computador/laptop no qual as Calculadoras de Impedância Stripline serão instaladas ou as versões do software on-line.
iii. calculadora de impedância Stripline gratuita Softwares baixados e seus detalhes, incluindo detalhes de instalação.

iv. Relatório de execução da moderna calculadora de impedância Stripline gratuita Softwares , com cenários de demonstração de entrada fornecida e saída alcançada, possíveis detalhes sobre o nível de sucesso alcançado, etc. em cada um dos baixados como Modern Stripline Impedance Calculator Programas .
v. Uma análise sucessiva das diferentes Calculadoras Modernas de Impedância Stripline Softwares e qual você considera melhor como software gratuito para laptop/computador.
vi. Os detalhes do smartphone/tablet sobre o qual a Calculadora Moderna de Impedância Stripline Softwares serão instalados.
vii. Relatório de execução de tal calculadora moderna de impedância Stripline Softwares em smartphones/tablets, com cenários de demonstração de entrada fornecida e saída alcançada, possíveis detalhes sobre o nível de sucesso alcançado, etc. em cada uma das Calculadoras de Impedância Moderna Stripline Programas .
viii. Uma análise sucessiva das diferentes calculadoras modernas de impedância Stripline Softwares e qual você considera o melhor suporte para smartphones/tablets.
ix. Um capítulo de conclusões abrangente.
x. Referências em questão.
xi. Seção "Apêndice" que possui basicamente 3 partes: a primeira parte trata da alocação de tarefas no grupo, a segunda parte da atribuição de agendamento de tarefas e a terceira parte trata das notas de supervisão da reunião e das orientações nelas fornecidas.

1.5 Tarefa 5 : Calculadora de Impedância Diferencial Stripline PCB Programas .

Recomendação: realizar em grupos de 2 alunos

Tempo prático sugerido – cerca de 6 horas

Você pode consultar os seguintes sites e mais fontes:

https://resources.altium.com/p/diferencial-stripline-impedance-calculator

https://www.eeweb.com/tools/edge-coupled-stripline-impedance/

https://www.everythingrf.com/rf-calculators/diferencial-microstrip-impedance-calculator

https://forum.allaboutcircuits.com/threads/pcb-diferencial-impedance-calculators.197067/

https://community.cadence.com/cadence_technology_forums/pcb-design/f/allegro-x-pcb-editor/54279/diferencial-impedância-cálculo

https://www.eevblog.com/forum/projects/diferencial-impedance-calculations/

Investigue na Calculadora de Impedância Diferencial Stripline PCB Softwares e sua instalação em 5 softwares /aplicativos diferentes , usando uma combinação dos seguintes métodos:

i. Baixe versões gratuitas dessa calculadora de impedância diferencial Modern Stripline PCB Softwares e execute-os localmente em seu laptop/computador.
ii. Baixe versões gratuitas dessa calculadora de impedância diferencial Modern Stripline PCB Softwares e execute-os localmente em seu smartphone/tablet.

Este exercício treinará os alunos no uso de tal Calculadora de Impedância Diferencial Modern Stripline PCB Softwares e suas opções disponíveis e apresentá-los à nova era da moderna Calculadora de Impedância Diferencial Stripline PCB Softwares em smartphones e tablets. Uma pequena amostra de diferentes calculadoras de impedância diferencial modernas Stripline PCB Softwares também são abordados aqui. Eles podem ser necessários posteriormente durante seu curso, carreira e pesquisa. Ele também pode servir como um estudo preliminar para aprender mais avançado/licenciado, como Calculadora de impedância diferencial Modern Stripline PCB Programas . Os resultados deverão ser demonstrados ao docente, antes da submissão. A submissão pode ser feita em cópia impressa ou eletrônica on-line. Siga as instruções subsequentes, incluindo os prazos relevantes, conforme indicado pelo docente. Os resultados esperados incluem um relatório docx /pdf, em bom formato, contendo o seguinte:

i. Uma folha de resumo de tarefas devidamente elaborada e preenchida .
ii. Os detalhes do computador/laptop sobre o qual a Calculadora de Impedância Diferencial Moderna Stripline PCB Os softwares serão instalados ou as versões de software online serão acessadas.
iii. calculadora de impedância diferencial moderna Stripline PCB gratuita Softwares baixados e seus detalhes, incluindo detalhes de instalação.
iv. Relatório de execução da Calculadora de Impedância Diferencial Moderna Stripline PCB gratuita Softwares , com cenários de demonstração de entrada fornecida e saída alcançada, possíveis detalhes sobre o nível de sucesso alcançado, etc. em cada uma das calculadoras de impedância diferencial Modern Stripline PCB baixadas Programas .

v. Uma análise sucessiva das diferentes calculadoras de impedância diferencial Modern Stripline PCB Softwares e qual você considera melhor como software gratuito para laptop/computador.

vi. Os detalhes do smartphone/tablet sobre o qual a Calculadora de Impedância Diferencial Moderna Stripline PCB Softwares serão instalados.

vii. Relatório de execução de tal calculadora de impedância diferencial moderna Stripline PCB Softwares em smartphones/tablets, com cenários de demonstração de entrada fornecida e saída alcançada, possíveis detalhes sobre o nível de sucesso alcançado, etc. em cada uma das calculadoras de impedância diferencial Modern Stripline PCB Programas .

viii. Uma análise sucessiva das diferentes calculadoras de impedância diferencial Modern Stripline PCB Softwares e qual você considera o melhor suporte para smartphones/tablets.

ix. Um capítulo de conclusões abrangente.

x. Referências em questão.

xi. Seção "Apêndice" que possui basicamente 3 partes: a primeira parte trata da alocação de tarefas no grupo, a segunda parte da atribuição de agendamento de tarefas e a terceira parte trata das notas de supervisão da reunião e das orientações nelas fornecidas.

Seção 2: Calculadoras de potência.

2.1 Tarefa 6: Calculadora de Consumo de Energia Programas .

Recomendação: realizar em grupos de 2 alunos

Tempo prático sugerido – cerca de 6 horas

Você pode consultar os seguintes sites e mais fontes:

https://www.calculator.net/electricity-calculator.html
https://www.mytnb.com.my/energy-efficiency/home-energy- saving-tips/home-energy-calculator
https://www.ke.com.pk/sustainability/energy-conservation/ec-calculator/
https://www.saskpower.com/Power-Savings-and-Programs/Home/Tools-to-Analyze-Your-Power-Use/Power-Use-Calculator
https://www.sust-it.net/energy-calculator.php
https://www.coolermaster.com/power-supply-calculator/
https://seasonic.com/wattage-calculator
https://neeca.gov.pk/Detail/NmYyYTUyMGItOWZhNS00ODRhLTg2MzItMjQ1YTk5NWM5ZWNl
https://www.rapidtables.com/calc/electric/electricity-calculator.html
https://www.luminousindia.com/load-calculator
https://www.energy.gov/energysaver/estimating-appliance-and-home-electronic-energy-use
https://outervision.com/power-supply-calculator
https://www.saveonenergy.com/resources/energy-consumption/
https://www.whatnextnow.com/home/solar/power-consumption-calculator
https://www.bequiet.com/en/psucalculator
https://nbpdcl.co.in/(S(4inlg3z3voil0owjsebibep0))/frmConsumptionCalculatorO.aspx
https://finance.icalculator.com/electrical-consumption-calculator.html
https://hec.tnb.com.my/Public/UsageCalculator
https://upsselector.eaton.com/Calculator
https://wss.mahadiscom.in/wss/images/WssHelp/Consumption_Calculator.htm
https://energyusecalculator.com/calculate_electrical_usage.htm
https://reductionrevolution.com.au/blogs/calculator/electricity-cost
https://www.asutpp.com/power-consumption-calculator.html

Investigue na calculadora de consumo de energia Softwares e sua instalação em 5 softwares /aplicativos diferentes , usando uma combinação dos seguintes métodos:

i. Baixe versões gratuitas dessa calculadora moderna de consumo de energia Softwares e execute-os localmente em seu laptop/computador.
ii. Baixe versões gratuitas dessa calculadora moderna de consumo de energia Softwares e execute-os localmente em seu smartphone/tablet.

Este exercício treinará os alunos no uso da Calculadora Moderna de Consumo de Energia Softwares e suas opções disponíveis e apresentá-los à nova era da Calculadora Moderna de Consumo de Energia Softwares em smartphones e tablets. Uma pequena amostra de diferentes calculadoras modernas de consumo de energia Softwares também são abordados aqui. Eles podem ser necessários posteriormente durante seu curso, carreira e pesquisa. Também pode servir como um estudo preliminar para aprender mais avançado/licenciado, como Calculadora Moderna de Consumo de Energia Programas . Os resultados deverão ser demonstrados ao docente, antes da submissão. A submissão pode ser feita em cópia impressa ou eletrônica on-line. Siga as instruções subsequentes, incluindo os prazos relevantes, conforme indicado pelo docente. Os resultados esperados incluem um relatório docx /pdf, em bom formato, contendo o seguinte:

i. Uma folha de resumo da tarefa devidamente elaborada e preenchida.
ii. Os detalhes do computador/laptop sobre o qual a Calculadora Moderna de Consumo de Energia Os softwares serão instalados ou as versões de software online serão acessadas.
iii. calculadora moderna gratuita de consumo de energia Softwares baixados e seus detalhes, incluindo detalhes de instalação.
iv. Relatório de execução da Calculadora Moderna de Consumo de Energia gratuita Softwares , com cenários de demonstração de entrada fornecida e saída alcançada, possíveis detalhes sobre o nível de sucesso alcançado, etc. em cada uma das calculadoras de consumo de energia modernas baixadas Programas .
v. Uma análise sucessiva das diferentes calculadoras modernas de consumo de energia Softwares e qual você considera melhor como software gratuito para laptop/computador.
vi. Os detalhes do smartphone/tablet sobre o qual a Calculadora Moderna de Consumo de Energia Softwares serão instalados.
vii. Relatório de execução dessa calculadora moderna de consumo de energia Softwares em smartphones/tablets, com cenários de demonstração de entrada fornecida e saída

alcançada, possíveis detalhes sobre o nível de sucesso alcançado, etc. em cada uma das Calculadoras Modernas de Consumo de Energia Programas .

viii. Uma análise sucessiva das diferentes calculadoras modernas de consumo de energia Softwares e qual você considera o melhor suporte para smartphones/tablets.

ix. Um capítulo de conclusões abrangente.

x. Referências em questão.

xi. Seção "Apêndice" que possui basicamente 3 partes: a primeira parte trata da alocação de tarefas no grupo, a segunda parte a atribuição do agendamento de tarefas e a terceira parte trata das notas de supervisão da reunião e das orientações nelas fornecidas.

2.2 Tarefa 7 : Calculadora de densidade de potência de RF Programas .

Recomendação: realizar em grupos de 2 alunos

Tempo prático sugerido – cerca de 6 horas

Você pode consultar os seguintes sites e mais fontes:

https://www.pasternack.com/t-calculator-power-density.aspx

https://www.everythingrf.com/rf-calculators/rf-power-density

https://eliterfllc.com/rf-calculators/rf-power-density-calculator

https://www.allaboutcircuits.com/tools/power-density-calculator/

https://www.trance-cat.com/electrical-circuit-calculators/en/rf-power-density-calculator.php

https://circuitdigest.com/calculators/power-density-calculator

https://www.calctown.com/calculators/rf-power-density-calculator

https://engineering.icalculator.com/radio-frequency-power-density-calculator.html

https://www.ainfoinc.com/t-calculator-power-conv

https://www.compeng.com.au/rf-calculator/

https://w4.vp9kf.com/power_density.htm

https://www.rfcafe.com/references/electrical/ew-radar-handbook/power-density.htm

https://hintlink.com/power_density.php

https://telecom-knowledge.blogspot.com/p/power-density-calculator.html

https://www.dosupply.com/tech/2022/01/24/power-density-calculator-what-is-power-density-and-how-is-it-calculated/

https://www.allaboutcircuits.com/tools/rf-power-conversion-calculator/

https://www.everythingrf.com/rf-calculators

Investigue na calculadora de densidade de potência de RF Softwares e sua instalação em 5 softwares /aplicativos diferentes , usando uma combinação dos seguintes métodos:

i. Baixe versões gratuitas dessa calculadora moderna de densidade de potência de RF Softwares e execute-os localmente em seu laptop/computador.

ii. Baixe versões gratuitas dessa calculadora moderna de densidade de potência de RF Softwares e execute-os localmente em seu smartphone/tablet.

Este exercício treinará os alunos no uso da Calculadora Moderna de Densidade de Potência de RF Softwares e suas opções disponíveis e apresentá-los à nova era da Calculadora Moderna de Densidade de Potência de RF Softwares em smartphones e tablets. Uma pequena amostra de diferentes calculadoras modernas de densidade de potência de RF Softwares também são abordados aqui. Eles podem ser necessários posteriormente durante seu curso, carreira e pesquisa. Também pode servir como um estudo preliminar para aprender mais avançado/licenciado, como Calculadora Moderna de Densidade de Potência de RF Programas . Os resultados deverão ser demonstrados ao docente, antes da submissão. A submissão pode ser feita em cópia impressa ou eletrônica on-line. Siga as instruções subsequentes, incluindo os prazos relevantes, conforme indicado pelo docente. Os resultados esperados incluem um relatório docx /pdf, em bom formato, contendo o seguinte:

i. Uma folha de resumo da tarefa devidamente elaborada e preenchida.

ii. Os detalhes do computador/laptop no qual as calculadoras de densidade de potência de RF serão instaladas ou as versões do software on-line serão acessadas.

iii. calculadora de densidade de potência de RF gratuita Softwares baixados e seus detalhes, incluindo detalhes de instalação.

iv. Relatório de execução da moderna calculadora de densidade de potência de RF gratuita Softwares , com cenários de demonstração de entrada fornecida e saída alcançada, possíveis detalhes sobre o nível de sucesso alcançado etc. em cada Software Calculadora de Densidade de Potência de RF .

v. Uma análise sucessiva das diferentes calculadoras modernas de densidade de potência de RF Softwares e qual você considera melhor como software gratuito para laptop/computador.

vi. Os detalhes do smartphone/tablet sobre o qual a Calculadora Moderna de Densidade de Potência de RF Softwares serão instalados.

vii. Relatório de execução de tal calculadora moderna de densidade de potência de RF Softwares em smartphones/tablets, com cenários de demonstração de entrada fornecida e saída alcançada, possíveis detalhes sobre o nível de sucesso alcançado, etc. em cada uma das Calculadoras Modernas de Densidade de Potência de RF Programas .

viii. Uma análise sucessiva das diferentes calculadoras modernas de densidade de potência de RF Softwares e qual você considera o melhor suporte para smartphones/tablets.

ix. Um capítulo de conclusões abrangente.

x. Referências em questão.

xi. Seção “Apêndice” que possui basicamente 3 partes: a primeira parte trata da alocação de tarefas no grupo, a segunda parte da atribuição de agendamento de tarefas e a terceira parte trata das notas de supervisão da reunião e das orientações nelas fornecidas.

2.3 Tarefa 8 : Calculadora de Fluxo Luminoso Total Programas .

Recomendação: realizar em grupos de 2 alunos

Tempo prático sugerido – cerca de 6 horas

Você pode consultar os seguintes sites e mais fontes:

https://www.rapidtables.com/calc/light/lumen-to-lux-calculator.html

https://www.calculatoratoz.com/en/luminous-flux-calculator/Calc-4495

https://engineering.icalculator.com/total-luminous-flux-calculator.html

https://www.lumistrips.com/lumistrips-en-lumen-lux-calculator

https://www.omnicalculator.com/physics/lumen

https://findmytotal.com/light/lumen-to-lux/

https://www.rapidtables.com/calc/light/lumen-to-watt-calculator.html

https://www.gophotonics.com/calculators/lumens-to-lux-conversion-calculator

https://suprabeam.com/technology/lumen-to-lux/

https://www.calctool.org/waves/lumen

https://www.easycalculation.com/engineering/electrical/total-luminous-flux.php

https://www.waveformlighting.com/horticulture/convert-lumens-to-ppf-online-calculator

https://www.alconlighting.com/blog/residential-led-lighting/how-do-i-determine-how-many-led-lumens-i-need-for-a-space/

https://www.calculatoratoz.com/en/luminous-intensity-calculator/Calc-9915

https://physicscalculatorpro.com/lumen-calculator/

https://www.waveformlighting.com/lumen-calculator

Investigue na Calculadora de Fluxo Luminoso Total Softwares e sua instalação em 5 softwares /aplicativos diferentes , usando uma combinação dos seguintes métodos:

i. Baixe versões gratuitas dessa calculadora moderna de fluxo luminoso total Softwares e execute-os localmente em seu laptop/computador.
ii. Baixe versões gratuitas dessa calculadora moderna de fluxo luminoso total Softwares e execute-os localmente em seu smartphone/tablet.

Este exercício treinará os alunos no uso da Calculadora Moderna de Fluxo Luminoso Total Softwares e suas opções disponíveis e apresentá-los à nova era da Moderna Calculadora de Fluxo Luminoso Total Softwares em smartphones e tablets. Uma pequena amostra de diferentes calculadoras modernas de fluxo luminoso total Softwares também são abordados aqui. Eles podem ser necessários posteriormente durante seu curso, carreira e pesquisa. Também pode servir como um estudo preliminar para aprender mais avançado/licenciado, como Calculadora Moderna de Fluxo Luminoso Total Programas . Os resultados deverão ser demonstrados ao docente, antes da submissão. A submissão pode ser feita em cópia impressa ou eletrônica on-line. Siga as instruções subsequentes, incluindo os prazos relevantes, conforme indicado pelo docente. Os resultados esperados incluem um relatório docx /pdf, em bom formato, contendo o seguinte:

i. Uma folha de resumo da tarefa devidamente elaborada e preenchida.
ii. os detalhes do computador/laptop no qual as Calculadoras de Fluxo Luminoso Total serão instaladas ou as versões do software online.
iii. calculadora de fluxo luminoso total gratuita Softwares baixados e seus detalhes, incluindo detalhes de instalação.
iv. Calculadora Moderna de Fluxo Luminoso Total gratuita Softwares , com cenários de demonstração de entrada fornecida e saída alcançada, possíveis detalhes sobre o nível de sucesso alcançado, etc. em cada um dos baixados como Calculadora Moderna de Fluxo Luminoso Total Programas .

v. Uma análise sucessiva das diferentes calculadoras modernas de fluxo luminoso total Softwares e qual você considera melhor como software gratuito para laptop/computador.

vi. Os detalhes do smartphone/tablet sobre o qual a Calculadora Moderna de Fluxo Luminoso Total Softwares serão instalados.

vii. Relatório de execução dessa calculadora moderna de fluxo luminoso total Softwares em smartphones/tablets, com cenários de demonstração de entrada fornecida e saída alcançada, possíveis detalhes sobre o nível de sucesso alcançado, etc. em cada uma das Calculadoras Modernas de Fluxo Luminoso Total Programas .

viii. Uma análise sucessiva das diferentes calculadoras modernas de fluxo luminoso total Softwares e qual você considera o melhor suporte para smartphones/tablets.

ix. Um capítulo de conclusões abrangente.

x. Referências em questão.

xi. Seção "Apêndice" que possui basicamente 3 partes: a primeira parte trata da alocação de tarefas no grupo, a segunda parte da atribuição de agendamento de tarefas e a terceira parte trata das notas de supervisão da reunião e das orientações nelas fornecidas.

2.4 Tarefa 9 : Calculadora de potência real e reativa Programas .

Recomendação: realizar em grupos de 2 alunos

Tempo prático sugerido – cerca de 6 horas

Você pode consultar os seguintes sites e mais fontes:

https://nepsi.com/resources/calculators/calculation-of-reactive-power-in-a-3-phase-system.htm

https://www.easycalculation.com/engineering/electrical/real-and-reactive-power.php

https://calculator.academy/reactive-power-calculator/

https://nepsi.com/resources/calculators/calculation-of-real-power-in-a-3-phase-system.htm

https://www.herramientasingenieria.com/onlinecalc/electricity/power-factor.html

https://app.testguy.net/module/power-triangle-calculator

https://calckit.io/tool/electronics-power-triangle

https://www.asutpp.com/power-factor-calculator.html

https://www.calculatoratoz.com/en/reactive-power-calculator/Calc-1508

https://www.creatifwerks.com/real-reactive-and-apparent-power-calculator/

https://kirkwood.pressbooks.pub/smartgrids/chapter/real-reactive-and-active-power/

https://www.calculatoratoz.com/en/real-power-in-ac-circuit-calculator/Calc-1509

https://www.azcalculator.com/calc/real-and-reactive-power.php

https://ohmslaw.eu/inductive_current/100mH_50-Hz_230-V_-A_-VAr

https://www.azcalculator.com/calc/real-and-reactive-power-single.php

https://www.youtube.com/watch?v=qeu8MiGHNFo

https://electronicsreference.com/calculators/ac_power_calculator/

https://powerfactorcalc.com/

https://www.everythingpe.com/calculators/power-factor-calculator

Investigue na calculadora de potência real e reativa Softwares e sua instalação em 5 softwares /aplicativos diferentes , usando uma combinação dos seguintes métodos:

i. Baixe versões gratuitas dessa calculadora moderna de potência real e reativa Softwares e execute-os localmente em seu laptop/computador.
ii. Baixe versões gratuitas dessa calculadora moderna de potência real e reativa Softwares e execute-os localmente em seu smartphone/tablet.

Este exercício treinará os alunos no uso da Calculadora Moderna de Potência Real e Reativa Softwares e suas opções disponíveis e apresentá-los à nova era da moderna calculadora de potência real e reativa Softwares em smartphones e tablets. Um pequeno resumo de diferentes calculadoras modernas de potência real e reativa Softwares também são abordados aqui. Eles podem ser necessários posteriormente durante seu curso, carreira e pesquisa. Também pode servir como um estudo preliminar para o aprendizado mais avançado/licenciado, como Calculadora Moderna de Potência Real e Reativa. Programas . Os resultados deverão ser demonstrados ao docente, antes da submissão. A submissão pode ser feita em cópia impressa ou eletrônica on-line. Siga as instruções subsequentes, incluindo os prazos relevantes, conforme indicado pelo docente. Os resultados esperados incluem um relatório docx /pdf, em bom formato, contendo o seguinte:

i. Uma folha de resumo da tarefa devidamente elaborada e preenchida.
ii. Os detalhes do computador/laptop sobre o qual a Calculadora Moderna de Potência Real e Reativa Os softwares serão instalados ou as versões de software online serão acessadas.

iii. calculadora moderna de potência real e reativa gratuita Softwares baixados e seus detalhes, incluindo detalhes de instalação.

iv. Calculadora Moderna de Potência Real e Reativa gratuita Softwares , com cenários de demonstração de entrada fornecida e saída alcançada, possíveis detalhes sobre o nível de sucesso alcançado etc. em cada uma das calculadoras modernas de potência real e reativa baixadas Programas .

v. Uma análise sucessiva das diferentes Calculadoras de Potência Real e Reativa Softwares e qual você considera melhor como software gratuito para laptop/computador.

vi. Os detalhes do smartphone/tablet sobre o qual a Calculadora Moderna de Potência Real e Reativa Softwares serão instalados.

vii. Relatório de execução de tal calculadora moderna de potência real e reativa Softwares em smartphones/tablets, com cenários de demonstração de entrada fornecida e saída alcançada, possíveis detalhes sobre o nível de sucesso alcançado, etc. em cada uma das Calculadoras Modernas de Potência Real e Reativa Programas .

viii. Uma análise sucessiva das diferentes calculadoras modernas de potência real e reativa Softwares e qual você considera o melhor suporte para smartphones/tablets.

ix. Um capítulo de conclusões abrangente.

x. Referências em questão.

xi. Seção "Apêndice" que possui basicamente 3 partes: a primeira parte trata da alocação de tarefas no grupo, a segunda parte da atribuição de agendamento de tarefas e a terceira parte trata das notas de supervisão da reunião e das orientações nelas fornecidas.

Seção 3: Calculadoras de transformadores e bobinas.

3.1 Tarefa 10: Propriedades da Calculadora de Bobina/Material Programas .

Recomendação: realizar em grupos de 2 alunos

Tempo prático sugerido – cerca de 6 horas

Você pode consultar os seguintes sites e mais fontes:

https://produção-solution.com/coil-calculator.htm

https://www.utmel.com/tools/coil-physical-properties-calculator?id=38

https://www.daycounter.com/Calculators/Coil-Physical-Properties-Calculator.phtml

https://www.easycalculation.com/engineering/electrical/physical-properties-coil.php

https://www.calculatorschool.com/Electric/PhysicalPropertiesCoil.aspx

https://www.worthingtonsteel.com/flatrolledsteel/support/coil-calculator

https://www.calculators.live/coil-physical-properties

https://rolledmetalproducts.com/piw-calculator/

https://www.zapp.com/en-us/calculators

https://www.omnicalculator.com/physics/helical-coil

https://www.easycalculation.com/formulas/physical-properties-coil-material.html

https://help.facton.com/solutions/sc/v13.1/en-us/Topics/SC/MaterialWeightCalculations/MatWeightCalc_Coil.htm

https://rimstar.org/science_electronics_projects/coil_design_inductance.htm

https://www.steam-engine.org/coil

https://puffdesign.ca/tools/coil-calculator

https://www.thespringstore.com/spring-calculator.html

https://www.mwcomponents.com/spring-calculator

https://www.bsstainless.com/coil-calculator

https://coil32.net/

https://physics.icalculator.com/spiral-coil-inductance-calculator.html

https://www.acxesspring.com/find-spring-constant-k-units-calculator.html

https://www.flycarpet.net/en/HXTubeFinFA

https://forum.dangerousthings.com/t/coil-inductance-capacitance-calculators-java/19102

https://kaizerpowerelectronics.dk/calculators/spiral-coil-calculator/

https://www.machinemfg.com/steel-coil-length-calculator/

https://www.omnicalculator.com/physics/spring-rate

https://blog.thepipingmart.com/weight-calculator/steel-coil-weight-calculator/

https://sheffieldmetals.com/learning-center/tag/coil-calculation/

https://formingworld.com/tracking-material-properties-coil/

https://www.beststainless.com/weight-calculator.html

Investigue nas propriedades da calculadora de bobina/material Softwares e sua instalação em 5 softwares /aplicativos diferentes , usando uma combinação dos seguintes métodos:

i. Baixe versões gratuitas de tais propriedades modernas de calculadora de bobina / material Softwares e execute-os localmente em seu laptop/computador.
ii. Baixe versões gratuitas de tais propriedades modernas de calculadora de bobina / material Softwares e execute-os localmente em seu smartphone/tablet.

Este exercício treinará os alunos no uso de tais propriedades modernas de calculadora de bobinas/materiais Softwares e suas opções disponíveis e apresentá-los à nova era dessas modernas calculadoras de propriedades de bobinas/materiais Softwares em smartphones e tablets. Uma pequena amostra de diferentes propriedades modernas da calculadora de bobina / material Softwares também são abordados aqui. Eles podem ser necessários posteriormente durante seu curso, carreira e pesquisa. Também pode servir como um estudo preliminar para aprender mais avançado/licenciado, como Calculadora de Propriedades Modernas de Bobina/Material Programas . Os resultados deverão ser demonstrados ao docente, antes da submissão. A submissão pode ser feita em cópia impressa ou eletrônica on-line. Siga as instruções subsequentes, incluindo os prazos relevantes, conforme indicado pelo docente. Os resultados esperados incluem um relatório docx /pdf, em bom formato, contendo o seguinte:

i. Uma folha de resumo da tarefa devidamente elaborada e preenchida.
ii. Os detalhes do computador/laptop sobre o qual a calculadora de propriedades modernas de bobina/material Os softwares serão instalados ou as versões de software online serão acessadas.
iii. As propriedades modernas gratuitas da calculadora de bobina / material Softwares baixados e seus detalhes, incluindo detalhes de instalação.
iv. Relatório de execução da Calculadora de Propriedades Modernas de Bobina / Material gratuita Softwares , com cenários de demonstração de entrada fornecida e saída alcançada, possíveis detalhes sobre o nível de sucesso alcançado, etc. em cada um dos downloads de tais Propriedades Modernas de Calculadora de Bobina/Material Programas .

v. Uma análise sucessiva das diferentes propriedades modernas da calculadora de bobina/material Softwares e qual você considera melhor como software gratuito para laptop/computador.

vi. Os detalhes do smartphone/tablet sobre o qual a calculadora de propriedades modernas de bobina/material Softwares serão instalados.

vii. Relatório de execução de tais propriedades modernas de calculadora de bobina/material Softwares em smartphones/tablets, com cenários de demonstração de entrada fornecida e saída alcançada, possíveis detalhes sobre o nível de sucesso alcançado, etc. em cada uma das Propriedades Modernas da Calculadora de Bobina/Material Programas .

viii. Uma análise sucessiva das diferentes propriedades modernas da calculadora de bobina/material Softwares e qual você considera o melhor suporte para smartphones/tablets.

ix. Um capítulo de conclusões abrangente.

x. Referências em questão.

xi. Seção "Apêndice" que possui basicamente 3 partes: a primeira parte trata da alocação de tarefas no grupo, a segunda parte da atribuição de agendamento de tarefas e a terceira parte trata das notas de supervisão da reunião e das orientações nelas fornecidas.

3.2 Tarefa 11 : Calculadora de Transformador Monofásico Programas .

Recomendação: realizar em grupos de 2 alunos

Tempo prático sugerido – cerca de 6 horas

Você pode consultar os seguintes sites e mais fontes:

https://goodcalculators.com/transformer-calculator/

https://www.jcalc.net/transformer-calculator

https://www.alfatransformer.com/transformer_calculator.php

https://voltage-disturbance.com/engineering-calculators/transformer-calculator/

https://engineering.icalculator.com/single-phase-transformer-calculator.html

https://www.hightolowvoltage.com/transformer-calculator

https://www.tr.com/transformerCalc.php

https://www.electram.com/1/tools-transformer-sizing.php

https://www.omnicalculator.com/physics/ideal-transformer

https://www.electricalsells.com/transformer-full-load-current-calculator/

https://calculator-online.net/transformer-calculator/

https://mechatrofice.com/calculator/transformer

https://nl.farnell.com/en-NL/transformer-turns-calculator

https://www.etechnog.com/2023/08/transformer-calculator-resistance-turns.html

https://calculator.academy/transformer-calculator/

https://tools.se.app/transformerdata/index.html#/

https://www.rfwireless-world.com/calculators/Transformer-KVA-calculator.html

https://www.pinterest.com/pin/transformer-calculator-resistance-turns-ratio-current-losses--719309371756332166/

https://electrical4u.net/calculator/single-phase-transformer-rating-current-voltage-calculation-calculator/#google_vignette

https://www.constructionmonkey.com/calculations/circuits/transformer

https://www.omnicalculator.com/physics/transformer-sizing

https://www.easycalculation.com/engineering/electrical/single-phase-transformer.php

https://www.electrical-engineering.net/transformer-calculator-rating-current/

https://www.ecmweb.com/content/article/21119802/transformer-calculations-and-the-nec

Investigue na calculadora do transformador monofásico Softwares e sua instalação em 5 softwares /aplicativos diferentes , usando uma combinação dos seguintes métodos:

i. Baixe versões gratuitas dessa calculadora moderna de transformador monofásico Softwares e execute-os localmente em seu laptop/computador.
ii. Baixe versões gratuitas dessa calculadora moderna de transformador monofásico Softwares e execute-os localmente em seu smartphone/tablet.

Este exercício treinará os alunos no uso de tal calculadora moderna de transformador monofásico Softwares e suas opções disponíveis e apresentá-los à nova era dessa moderna calculadora de transformador monofásico Softwares em smartphones e tablets. Uma pequena amostra de diferentes calculadoras modernas de transformadores monofásicos Softwares também são abordados aqui. Eles podem ser necessários posteriormente durante seu curso, carreira e pesquisa. Também pode servir como um estudo preliminar para aprender mais avançado/licenciado, como Calculadora Moderna de Transformador Monofásico Programas . Os resultados deverão ser demonstrados ao docente, antes da submissão. A submissão pode ser feita em cópia impressa ou eletrônica on-line. Siga as instruções subsequentes, incluindo os prazos relevantes, conforme indicado pelo docente. Os resultados esperados incluem um relatório docx /pdf, em bom formato, contendo o seguinte:

i. Uma folha de resumo de tarefas devidamente elaborada e preenchida .
ii. Os detalhes do computador/laptop sobre o qual a moderna calculadora do transformador monofásico Os softwares serão instalados ou as versões de software online serão acessadas.
iii. calculadora de transformador monofásico gratuita Softwares baixados e seus detalhes, incluindo detalhes de instalação.
iv. Relatório de execução da moderna calculadora de transformador monofásico gratuita Softwares , com cenários de demonstração de entrada fornecida e saída alcançada, possíveis detalhes sobre o nível de sucesso alcançado, etc. em cada um dos baixados como Calculadora Moderna de Transformador Monofásico Programas .
v. Uma análise sucessiva das diferentes calculadoras modernas de transformadores monofásicos Softwares e qual você considera melhor como software gratuito para laptop/computador.
vi. Os detalhes do smartphone/tablet sobre o qual a Calculadora Moderna do Transformador Monofásico Softwares serão instalados.
vii. Relatório de execução de tal calculadora moderna de transformador monofásico Softwares em smartphones/tablets, com cenários de demonstração de entrada fornecida e saída alcançada, possíveis detalhes sobre o nível de sucesso alcançado, etc. em cada uma das Calculadoras Modernas de Transformadores Monofásicos Programas .
viii. Uma análise sucessiva das diferentes calculadoras modernas de transformadores monofásicos Softwares e qual você considera o melhor suporte para smartphones/tablets.
ix. Um capítulo de conclusões abrangente.
x. Referências em questão.
xi. Seção “Apêndice” que possui basicamente 3 partes: a primeira parte trata da alocação de tarefas no grupo, a segunda parte da atribuição de agendamento de tarefas e a terceira parte trata das notas de supervisão da reunião e das orientações nelas fornecidas.

3.3 Tarefa 12 : Calculadora de Força Eletromagnética da Bobina Solenóide Programas

.

Recomendação: realizar em grupos de 2 alunos

Tempo prático sugerido – cerca de 6 horas

Você pode consultar os seguintes sites e mais fontes:

https://www.daycounter.com/Calculators/Magnets/Solenoid-Force-Calculator.phtml

https://engineering.icalculator.com/solenoid-coil-electromagnetic-force-calculator.html

https://www.calculatorschool.com/Electric/SolenoidCoil.aspx

https://www.omnicalculator.com/physics/solenoid-magnetic-field

https://www.accelinstruments.com/Magnetic/Magnetic-field-calculator.html

https://calculator.academy/solenoid-force-calculator/

https://www.easycalculation.com/engineering/electrical/solenoid-force.php

https://www.calctown.com/calculators/solenoid-coil-electromagnetic-force-calculator

https://produção-solution.com/coil-calculator.htm

https://www.eevblog.com/forum/beginners/solenoid-force-calculations/

https://www.calculators.live/solenoid-force

https://www.translatorscafe.com/unit-converter/en-US/calculator/solenoid-magnetic-field/?n=500&l=5&lu=cm&i=10&iu=A

https://www.translatorscafe.com/unit-converter/en-US/calculator/magnetomotive-force/?n=500&i=0.5&iu=A

https://www.accelinstruments.com/Magnetic/Coil-Calculator.html

https://www.calctool.org/electromagnetismo

https://onlinecalculator.guru/physics/solenoid-magnetic-field-calculator/

https://www.eeweb.com/tools/magnetic-field-calculator/

https://www.nagwa.com/en/explainers/186157825721/

https://sciencing.com/calculate-magnetic-force-solenoid-6310220.html

https://physics.icalculator.com/magnetic-field-inside-a-solenoid-calculator.html

https://www.physicsforums.com/threads/solenoid-force-calculation.908099/

https://ietresearch.onlinelibrary.wiley.com/doi/full/10.1049/elp2.12085

https://sciencing.com/calculate-solenoid-7609128.html

https://www.apogeeweb.net/tools/magnetic-field-calculator.html

https://www.calctool.org/electromagnetismo/solenoid-magnetic-field

https://forum.ansys.com/forums/topic/force-in-a-coil/

Investigue na Calculadora de Força Eletromagnética da Bobina Solenóide Softwares e sua instalação em 5 softwares /aplicativos diferentes , usando uma combinação dos seguintes métodos:

i. Baixe versões gratuitas dessa calculadora de força eletromagnética moderna de bobina solenóide Softwares e execute-os localmente em seu laptop/computador.
ii. Baixe versões gratuitas dessa calculadora de força eletromagnética moderna de bobina solenóide Softwares e execute-os localmente em seu smartphone/tablet.

Este exercício treinará os alunos no uso de tal Calculadora de Força Eletromagnética de Bobina Solenóide Moderna Softwares e suas opções disponíveis e apresentá-los à nova era da Moderna Calculadora de Força Eletromagnética de Bobina Solenóide Softwares em smartphones e tablets. Uma pequena amostra de diferentes calculadoras de força eletromagnética de bobina solenóide moderna Softwares também são abordados aqui. Eles podem ser necessários posteriormente durante seu curso, carreira e pesquisa. Também pode servir como um estudo preliminar para aprender mais avançado/licenciado, como Calculadora de Força Eletromagnética de Bobina Solenóide Moderna Programas . Os resultados deverão ser demonstrados ao docente, antes da submissão. A submissão pode ser feita em cópia impressa ou eletrônica on-line. Siga as instruções subsequentes, incluindo os prazos relevantes, conforme indicado pelo docente. Os resultados esperados incluem um relatório docx /pdf, em bom formato, contendo o seguinte:

i. Uma folha de resumo da tarefa devidamente elaborada e preenchida.
ii. Os detalhes do computador/laptop sobre o qual a Calculadora de Força Eletromagnética Moderna da Bobina Solenóide Os softwares serão instalados ou as versões de software online serão acessadas.
iii. calculadora de força eletromagnética de bobina solenóide gratuita Softwares baixados e seus detalhes, incluindo detalhes de instalação.
iv. Relatório de execução da Calculadora de Força Eletromagnética Moderna de Bobina Solenóide gratuita Softwares , com cenários de demonstração de entrada fornecida e saída alcançada, possíveis detalhes sobre o nível de sucesso alcançado, etc. em cada um dos baixados, Calculadora de Força Eletromagnética de Bobina Solenóide Moderna Programas .

v. Uma análise sucessiva das diferentes calculadoras de força eletromagnética da bobina solenóide moderna Softwares e qual você considera melhor como software gratuito para laptop/computador.

vi. Os detalhes do smartphone/tablet sobre o qual a moderna calculadora de força eletromagnética da bobina solenóide Softwares serão instalados.

vii. Relatório de execução de tal calculadora de força eletromagnética de bobina solenóide moderna Softwares em smartphones/tablets, com cenários de demonstração de entrada fornecida e saída alcançada, possíveis detalhes sobre o nível de sucesso alcançado, etc. em cada uma das Calculadoras de Força Eletromagnética de Bobina Solenóide Moderna Programas .

viii. Uma análise sucessiva das diferentes calculadoras de força eletromagnética da bobina solenóide moderna Softwares e qual você considera o melhor suporte para smartphones/tablets.

ix. Um capítulo de conclusões abrangente.

x. Referências em questão.

xi. Seção "Apêndice" que possui basicamente 3 partes: a primeira parte trata da alocação de tarefas no grupo, a segunda parte da atribuição de agendamento de tarefas e a terceira parte trata das notas de supervisão da reunião e das orientações nelas fornecidas.

3.4 Tarefa 13 : Calculadora de deflexão de vigas de tubo redondo sólido Programas . Recomendação: realizar em grupos de 2 alunos

Tempo prático sugerido – cerca de 6 horas

Você pode consultar os seguintes sites e mais fontes:

https://www2.engineering.com/calculators/beams.htm

https://engineering.icalculator.com/solid-round-tube-beams-deflection-calculator.html

https://www.meracalculator.com/engineering/deflection-round-tube-beams.php

https://www.meracalculator.com/engineering/deflection-solid-round-beams.php

https://robots.wa4dsy.net/bending

https://www.omnicalculator.com/construction/beam-deflection

https://calchub.xyz/solid-round-tube-beams-deflection/

https://www.easycalculation.com/mechanical/deflection-round-tube-beams.php

https://www.engineersedge.com/beam-deflection-menu.htm

https://www.calculatorschool.com/mechanical/SolidRoundBeamsDeflection.aspx

https://sunsetpatios.com.au/beam-deflection-calculator.php

https://www.thinkcalculator.com/engineer/round-tube-calculator.php

https://www.calculators.live/solid-round-beam-deflection

https://www.azcalculator.com/calc/deflection-solid-round-beams.php

https://www.epsilonengineer.com/beam-deflection-calculators.html

https://www.gislite.com/app/s1204

https://beamguru.com/online/beam-calculator/

https://www.calculatorschool.com/macheng/SolidRoundTubeBeams.aspx

https://www.azcalculator.com/calc/deflection-round-tube-beams.php

https://www.calculators.tech/round-tube-beam-deflection-calculator

https://8020.net/deflection-calculator

https://calcresource.com/statics-simple-beam.html

https://www.easycalculation.com/engineering/mechanical/deflection-solid-rectangular-beams.php

https://tl.foxcalculators.com/engineering/20579.html

https://www.calculators.live/round-tube-beams-deflection

https://metalgeek.com/static/deflection.php

Investigue na calculadora de deflexão de vigas de tubo redondo sólido Softwares e sua instalação em 5 softwares /aplicativos diferentes , usando uma combinação dos seguintes métodos:

i. Baixe versões gratuitas dessa calculadora moderna de deflexão de vigas de tubo redondo sólido Softwares e execute-os localmente em seu laptop/computador.
ii. Baixe versões gratuitas dessa calculadora moderna de deflexão de vigas de tubo redondo sólido Softwares e execute-os localmente em seu smartphone/tablet.

Este exercício treinará os alunos no uso de tal Calculadora Moderna de Deflexão de Vigas de Tubo Redondo Sólido Softwares e suas opções disponíveis e apresentá-los à nova era da moderna Calculadora de Deflexão de Vigas de Tubo Redondo Sólido Softwares em smartphones e tablets. Uma pequena amostra de diferentes calculadoras de deflexão de vigas de tubo redondo sólido moderno Softwares também são abordados aqui. Eles podem ser necessários posteriormente durante seu curso, carreira e pesquisa. Também pode servir como um estudo preliminar para aprender mais avançado/licenciado, como Calculadora de Deflexão de Vigas de Tubo Redondo Sólido Moderno Programas . Os resultados deverão ser demonstrados ao docente, antes da submissão. A submissão pode ser feita em cópia impressa ou eletrônica on-line. Siga as instruções subsequentes, incluindo os prazos relevantes, conforme indicado pelo docente. Os resultados esperados incluem um relatório docx /pdf, em bom formato, contendo o seguinte:

i. Uma folha de resumo da tarefa devidamente elaborada e preenchida.

ii. Os detalhes do computador/laptop sobre o qual a Calculadora de Deflexão de Vigas de Tubo Redondo Sólido Moderno Os softwares serão instalados ou as versões de software online serão acessadas.

iii. calculadora de deflexão de vigas de tubo redondo sólido e moderna Softwares baixados e seus detalhes, incluindo detalhes de instalação.

iv. Relatório de execução da Calculadora de Deflexão de Vigas de Tubo Redondo Sólido Moderno e gratuito Softwares , com cenários de demonstração de entrada fornecida e saída alcançada, possíveis detalhes sobre o nível de sucesso alcançado, etc. em cada um dos baixados, Calculadora de Deflexão de Vigas de Tubo Redondo Sólido Moderno Programas .

v. Uma análise sucessiva das diferentes calculadoras modernas de deflexão de vigas de tubo redondo sólido Softwares e qual você considera melhor como software gratuito para laptop/computador.

vi. Os detalhes do smartphone/tablet sobre o qual a Calculadora Moderna de Deflexão de Vigas de Tubo Redondo Sólido Softwares serão instalados.

vii. Relatório de execução de tal calculadora moderna de deflexão de vigas de tubo redondo sólido Softwares em smartphones/tablets, com cenários de demonstração de entrada fornecida e saída alcançada, possíveis detalhes sobre o nível de sucesso alcançado, etc. em cada uma das Calculadoras de Deflexão de Vigas de Tubo Redondo Sólido Moderno Programas .

viii. Uma análise sucessiva das diferentes calculadoras de deflexão de vigas de tubo redondo sólido e qual você considera o melhor suporte para smartphones/tablets.

ix. Um capítulo de conclusões abrangente.

x. Referências em questão.

xi. Seção “Apêndice” que possui basicamente 3 partes: a primeira parte trata da alocação de tarefas no grupo, a segunda parte da atribuição de agendamento de tarefas e a terceira parte trata das notas de supervisão da reunião e das orientações nelas fornecidas.

3.5 Tarefa 14 : Calculadora de frequência ressonante de mola Programas .

Recomendação: realizar em grupos de 2 alunos

Tempo prático sugerido – cerca de 6 horas

Você pode consultar os seguintes sites e mais fontes:

https://amesweb.info/Vibration/spring-frequency-calculator.aspx
https://www.efunda.com/DesignStandards/springs/calc_comp_resonance.cfm
https://engineering.icalculator.com/spring-resonant-frequency-calculator.html
https://www.omnicalculator.com/physics/natural-frequency
https://calculator.academy/natural-frequency-calculator/
https://www.easycalculation.com/engineering/electrical/spring-resonant-frequency-calculator.php
https://www.azcalculator.com/calc/spring-resonant-frequency.php
https://physics.icalculator.com/lowest-spring-resonant-frequency-calculator.html
https://www.compadre.org/osp/EJSS/4466/252.htm
https://www.efunda.com/DesignStandards/springs/spring_calculators.cfm
https://www.racingaspirations.com/apps/wheel-frequency-calculator/
https://calculator.academy/ride-frequency-calculator/

Investigue na Calculadora de Frequência Ressonante Spring Softwares e sua instalação em 5 softwares /aplicativos diferentes , usando uma combinação dos seguintes métodos:

i. Baixe versões gratuitas dessa calculadora moderna de frequência ressonante de primavera Softwares e execute-os localmente em seu laptop/computador.
ii. Baixe versões gratuitas dessa calculadora moderna de frequência ressonante de primavera Softwares e execute-os localmente em seu smartphone/tablet.

Este exercício treinará os alunos no uso da Calculadora Moderna de Frequência Ressonante de Primavera. Softwares e suas opções disponíveis e apresentá-los à nova era da Modern Spring Resonant Frequency Calculator Softwares em smartphones e tablets. Uma pequena amostra de diferentes calculadoras modernas de frequência ressonante de mola Softwares também são abordados aqui. Eles podem ser necessários posteriormente durante seu curso, carreira e pesquisa. Também pode servir como um estudo preliminar para aprender mais avançado/licenciado, como Modern Spring Resonant Frequency Calculator Programas . Os resultados deverão ser demonstrados ao docente, antes da submissão. A submissão pode ser feita em cópia impressa ou eletrônica on-line. Siga as instruções subsequentes, incluindo os prazos relevantes, conforme indicado pelo docente. Os resultados esperados incluem um relatório docx /pdf, em bom formato, contendo o seguinte:

i. Uma folha de resumo da tarefa devidamente elaborada e preenchida.
ii. Os detalhes do computador/laptop sobre o qual a Calculadora Moderna de Frequência Ressonante Spring Os softwares serão instalados ou as versões de software online serão acessadas.
iii. calculadora moderna de frequência ressonante de primavera gratuita Softwares baixados e seus detalhes, incluindo detalhes de instalação.
iv. Relatório de execução da moderna calculadora de frequência ressonante de mola gratuita Softwares , com cenários de demonstração de entrada fornecida e saída alcançada, possíveis detalhes sobre o nível de sucesso alcançado, etc. em cada um dos baixados como Modern Spring Resonant Frequency Calculator Programas .
v. Uma análise sucessiva das diferentes calculadoras de frequência ressonante de mola Softwares e qual você considera melhor como software gratuito para laptop/computador.
vi. Os detalhes do smartphone/tablet sobre o qual a Modern Spring Resonant Frequency Calculator Softwares serão instalados.
vii. Relatório de execução dessa calculadora moderna de frequência ressonante de mola Softwares em smartphones/tablets, com cenários de demonstração de entrada fornecida e saída alcançada, possíveis detalhes sobre o nível de sucesso alcançado, etc. em cada uma das calculadoras de frequência ressonante de mola moderna Programas .
viii. Uma análise sucessiva das diferentes calculadoras modernas de frequência ressonante de mola Softwares e qual você considera o melhor suporte para smartphones/tablets.
ix. Um capítulo de conclusões abrangente.
x. Referências em questão.
xi. Seção "Apêndice" que possui basicamente 3 partes: a primeira parte trata da alocação de tarefas no grupo, a segunda parte da atribuição de agendamento de

tarefas e a terceira parte trata das notas de supervisão da reunião e das orientações nelas fornecidas.

Seção 4: Componentes Eletrônicos.

4.1 Tarefa 15: Calculadora PCB Microstrip Crosstalk Programas .

Recomendação: realizar em grupos de 2 alunos

Tempo prático sugerido – cerca de 6 horas

Você pode consultar os seguintes sites e mais fontes:

https://www.allaboutcircuits.com/tools/microstrip-crosstalk-calculator/

https://www.eeweb.com/tools/microstrip-2/

https://www.apogeeweb.net/tools/microstrip-crosstalk-calculator.html

https://www.allaboutcircuits.com/tools/stripline-crosstalk-calculator/

https://www.electronicsforu.com/special/microstrip-crosstalk-calculator

https://www.datasheets.com/tools/crosstalk-calculator

https://engineering.icalculator.com/pcb-microstrip-crosstalk-calculator.html

https://www.gemcircuits.co.uk/tools/crosstalk_microstrip.aspx

https://tool.chipdebug.com/pcb-cross-talk-calculator-microstrip-crosstalk/

https://www.gemcircuits.co.uk/tools/crosstalk_stripline.aspx

https://www.omnicalculator.com/other/crosstalk

https://www.elektroda.com/calculators/cross-talk-calculator-microstrip-crosstalk

https://www.eeweb.com/forums/topic/microstrip-crosstalk-calculator/

https://electronics.stackexchange.com/questions/130204/pcb-crosstalk-calculators-center-line-distance-or-trace-separation

https://optics.ansys.com/hc/en-us/articles/360042508033-Crosstalk-between-microstrip-transmission-lines

https://www.easycalculation.com/engineering/electrical/microstrip-crosstalk-calculator.php

https://www.microcalculator.co/pcb-microstrip-crosstalk/

Investigue na calculadora PCB Microstrip Crosstalk Softwares e sua instalação em 5 softwares /aplicativos diferentes , usando uma combinação dos seguintes métodos:

i. Baixe versões gratuitas dessa calculadora moderna PCB Microstrip Crosstalk Softwares e execute-os localmente em seu laptop/computador.

ii. Baixe versões gratuitas dessa calculadora moderna PCB Microstrip Crosstalk Softwares e execute-os localmente em seu smartphone/tablet.

Este exercício treinará os alunos no uso de uma moderna calculadora PCB Microstrip Crosstalk Softwares e suas opções disponíveis e apresentá-los à nova era da Calculadora Moderna PCB Microstrip Crosstalk Softwares em smartphones e tablets. Uma pequena amostra de diferentes calculadoras modernas de diafonia de PCB Microstrip Softwares também são abordados aqui. Eles podem ser necessários posteriormente durante seu curso, carreira e pesquisa. Ele também pode servir como um estudo preliminar para aprender mais avançado/licenciado, como Modern PCB Microstrip Crosstalk Calculator Programas . Os resultados deverão ser demonstrados ao docente, antes da submissão. A submissão pode ser feita em cópia impressa ou eletrônica on-line. Siga as instruções subsequentes, incluindo os prazos relevantes, conforme indicado pelo docente. Os resultados esperados incluem um relatório docx /pdf, em bom formato, contendo o seguinte:

i. Uma folha de resumo da tarefa devidamente elaborada e preenchida.
ii. Os detalhes do computador/laptop sobre o qual a Calculadora Moderna PCB Microstrip Crosstalk Os softwares serão instalados ou as versões de software online serão acessadas.
iii. calculadora PCB Microstrip Crosstalk gratuita Softwares baixados e seus detalhes, incluindo detalhes de instalação.
iv. Relatório de execução da moderna calculadora PCB Microstrip Crosstalk gratuita Softwares , com cenários de demonstração de entrada fornecida e saída alcançada, possíveis detalhes sobre o nível de sucesso alcançado, etc. em cada um dos baixados como Modern PCB Microstrip Crosstalk Calculator Programas .
v. Uma análise sucessiva das diferentes calculadoras modernas de microstrip crosstalk de PCB Softwares e qual você considera melhor como software gratuito para laptop/computador.
vi. Os detalhes do smartphone/tablet sobre o qual a Calculadora Moderna PCB Microstrip Crosstalk Softwares serão instalados.
vii. Relatório de execução de tal calculadora moderna PCB Microstrip Crosstalk Softwares em smartphones/tablets, com cenários de demonstração de entrada fornecida e saída alcançada, possíveis detalhes sobre o nível de sucesso alcançado, etc. em cada uma das calculadoras Modern PCB Microstrip Crosstalk Programas .
viii. Uma análise sucessiva das diferentes calculadoras Modern PCB Microstrip Crosstalk Softwares e qual você considera o melhor suporte para smartphones/tablets.

ix. Um capítulo de conclusões abrangente.

x. Referências em questão.

xi. Seção "Apêndice" que possui basicamente 3 partes: a primeira parte trata da alocação de tarefas no grupo, a segunda parte a atribuição do agendamento de tarefas e a terceira parte trata das notas de supervisão da reunião e das orientações nelas fornecidas.

4.2 Tarefa 16 : Calculadora de linha Microstrip Calculadora de cilindro hidráulico push/pull Programas .

Recomendação: realizar em grupos de 2 alunos

Tempo prático sugerido – cerca de 6 horas

Você pode consultar os seguintes sites e mais fontes:

https://www.baumhydraulics.com/images/calculators/cyl_calc.htm

https://www.sensorsone.com/push-pull-hydraulic-cylinder-pression-diameter-force-calculator/

https://www.berendsen.com.au/hydraulic-system-design/engineering-and-design/push-pull-force-calculators/

https://www.trelleborg.com/apps/hydraulic_cylinder/?lang=en

https://www.lchydraulics.co.uk/tech-zone/hydraulic-cylinder-calculator/

https://www.cylinderservices.net/hydraulic-push-pull-calculator/

https://engineering.icalculator.com/calculators.html

https://www.emtalk.com/mscalc.php

https://zoomhyd.com/cylinder-push%2Fpull-calc

http://www.calculatoredge.com/english.htm

https://apps.apple.com/us/app/engineering-calculator/id1297957037?l=ar

https://calculadora.academy/

Investigar na Calculadora de Linha Microstrip Calculadora de Cilindro Hidráulico Push/Pull Softwares e sua instalação em 5 softwares /aplicativos diferentes , usando uma combinação dos seguintes métodos:

i. Baixe versões gratuitas dessa Calculadora de Linha Microstrip Moderna Calculadora de Cilindro Hidráulico Push/Pull Softwares e execute-os localmente em seu laptop/computador.

ii. Baixe versões gratuitas dessa Calculadora de Linha Microstrip Moderna Calculadora de Cilindro Hidráulico Push/Pull Softwares e execute-os localmente em seu smartphone/tablet.

Este exercício treinará os alunos no uso de tal Calculadora Moderna de Linha Microstrip Calculadora de Cilindro Hidráulico Push/Pull Softwares e suas opções disponíveis e apresentá-los à nova era da Moderna Calculadora de Linha Microstrip Calculadora de Cilindro Hidráulico Push/Pull Softwares em smartphones e tablets. Uma pequena introdução de diferentes calculadoras modernas de linha Microstrip Calculadora de cilindro hidráulico push/pull Softwares também são abordados aqui. Eles podem ser necessários posteriormente durante seu curso, carreira e pesquisa. Também pode servir como um estudo preliminar para o aprendizado mais avançado/licenciado, como Calculadora de Linha Microstrip Moderna Calculadora de Cilindro Hidráulico Push/Pull Programas . Os resultados deverão ser demonstrados ao docente, antes da submissão. A submissão pode ser feita em cópia impressa ou eletrônica on-line. Siga as instruções subsequentes, incluindo os prazos relevantes, conforme indicado pelo docente. Os resultados esperados incluem um relatório docx /pdf, em bom formato, contendo o seguinte:

i. Uma folha de resumo da tarefa devidamente elaborada e preenchida.
ii. Os detalhes do computador/laptop sobre o qual a Calculadora Moderna de Linha Microstrip Empurra/Puxa a Calculadora de Cilindro Hidráulico Os softwares serão instalados ou as versões de software online serão acessadas.
iii. A moderna calculadora de linha microstrip gratuita, calculadora de cilindro hidráulico push/pull Softwares baixados e seus detalhes, incluindo detalhes de instalação.
iv. Relatório de execução da Calculadora de Linha Microstrip Moderna gratuita Calculadora de Cilindro Hidráulico Push/Pull Softwares , com cenários de demonstração de entrada fornecida e saída alcançada, possíveis detalhes sobre o nível de sucesso alcançado etc. em cada software de calculadora de cilindro hidráulico push/pull da calculadora de linha Microstrip .
v. Uma análise sucessiva das diferentes Calculadoras Modernas de Linha Microstrip Calculadora de Cilindro Hidráulico Push/Pull Softwares e qual você considera melhor como software gratuito para laptop/computador.
vi. Os detalhes do smartphone/tablet sobre o qual a Calculadora Moderna de Linha Microstrip Empurra/Puxa a Calculadora de Cilindro Hidráulico Softwares serão instalados.

vii. Relatório de execução de tal calculadora moderna de linha microstrip, calculadora de cilindro hidráulico push/pull Softwares em smartphones/tablets, com cenários de demonstração de entrada fornecida e saída alcançada, possíveis detalhes sobre o nível de sucesso alcançado, etc. em cada uma das Calculadoras Modernas de Linha Microstrip Calculadora de Cilindro Hidráulico Push/Pull Programas .

viii. Uma análise sucessiva das diferentes Calculadoras Modernas de Linha Microstrip Calculadora de Cilindro Hidráulico Push/Pull Softwares e qual você considera o melhor suporte para smartphones/tablets.

ix. Um capítulo de conclusões abrangente.

x. Referências em questão.

xi. Seção "Apêndice" que possui basicamente 3 partes: a primeira parte trata da alocação de tarefas no grupo, a segunda parte da atribuição de agendamento de tarefas e a terceira parte trata das notas de supervisão da reunião e das orientações nelas fornecidas.

4.3 Tarefa 17 : Calculadora Q do som do alto-falante Programas .

Recomendação: realizar em grupos de 2 alunos

Tempo prático sugerido – cerca de 6 horas

Você pode consultar os seguintes sites e mais fontes:

https://engineering.icalculator.com/speaker-sound-q-theoretical-loudspeaker-and-directivity-index-calculator.html

http://www.csgnetwork.com/speakerqestcalc.html

https://www.easycalculation.com/engineering/electrical/speaker-sound-q-calculator.php

https://www.calculators.live/speaker-sound-q-calculator

https://www.diyaudioandvideo.com/Calculator/SpeakerBoxEnclosure/

https://www.lautsprechershop.de/tools/t_box_closed_en.htm

https://www.bcae1.com/spboxad2.htm

https://www.micka.de/en/

https://www.kvalsvoll.com/Articles/AudioCalculators.htm

Investigue na calculadora Speaker Sound Q Softwares e sua instalação em 5 softwares /aplicativos diferentes , usando uma combinação dos seguintes métodos:

i. Baixe versões gratuitas dessa calculadora Modern Speaker Sound Q Softwares e execute-os localmente em seu laptop/computador.
ii. Baixe versões gratuitas dessa calculadora Modern Speaker Sound Q Softwares e execute-os localmente em seu smartphone/tablet.

Este exercício treinará os alunos no uso da Calculadora Modern Speaker Sound Q Softwares e suas opções disponíveis e apresentá-los à nova era da Modern Speaker Sound Q Calculator Softwares em smartphones e tablets. Uma pequena amostra de diferentes calculadoras Modern Speaker Sound Q Softwares também são abordados aqui. Eles podem ser necessários posteriormente durante seu curso, carreira e pesquisa. Também pode servir como um estudo preliminar para aprender mais avançado/licenciado, como Modern Speaker Sound Q Calculator Programas . Os resultados deverão ser demonstrados ao docente, antes da submissão. A submissão pode ser feita em cópia impressa ou eletrônica on-line. Siga as instruções subsequentes, incluindo os prazos relevantes, conforme indicado pelo docente. Os resultados esperados incluem um relatório docx /pdf, em bom formato, contendo o seguinte:

i. Uma folha de resumo da tarefa devidamente elaborada e preenchida.
ii. Os detalhes do computador/laptop no qual as Calculadoras Speaker Sound Q serão instaladas ou as versões do software online serão acessadas.
iii. A calculadora gratuita Modern Speaker Sound Q Softwares baixados e seus detalhes, incluindo detalhes de instalação.
iv. Relatório de execução da Calculadora Modern Speaker Sound Q gratuita Softwares , com cenários de demonstração de entrada fornecida e saída alcançada, possíveis detalhes sobre o nível de sucesso alcançado etc. em cada software Speaker Sound Q Calculator .
v. Uma análise sucessiva das diferentes calculadoras Modern Speaker Sound Q Softwares e qual você considera melhor como software gratuito para laptop/computador.
vi. Os detalhes do smartphone/tablet sobre o qual a Modern Speaker Sound Q Calculator Softwares serão instalados.
vii. Relatório de execução dessa calculadora Modern Speaker Sound Q Softwares em smartphones/tablets, com cenários de demonstração de entrada fornecida e saída alcançada, possíveis detalhes sobre o nível de sucesso alcançado, etc. em cada uma das calculadoras Modern Speaker Sound Q Programas .

viii. Uma análise sucessiva das diferentes calculadoras Modern Speaker Sound Q Softwares e qual você considera o melhor suporte para smartphones/tablets.
ix. Um capítulo de conclusões abrangente.
x. Referências em questão.
xi. Seção "Apêndice" que possui basicamente 3 partes: a primeira parte trata da alocação de tarefas no grupo, a segunda parte da atribuição de agendamento de tarefas e a terceira parte trata das notas de supervisão da reunião e das orientações nelas fornecidas.

4.4 Tarefa 18 : Calculadora de aumento de temperatura em bombas Programas .

Recomendação: realizar em grupos de 2 alunos

Tempo prático sugerido – cerca de 6 horas

Você pode consultar os seguintes sites e mais fontes:

https://engineering.icalculator.com/temperature-rise-in-pumps-calculator.html
https://www.engineeringtoolbox.com/pumps-temperature-increase-d_313.html#gsc.tab=0
https://engineeringunits.com/pump-temperature-rise-calculator/
https://www.easycalculation.com/engineering/electrical/temperature-rise-pumps.php
https://www.enground.com/Pump/Temp%20Rise.html
https://www.clarkefire.com/design-tools/pump-room-calculators/water-temperature-rise-calculator
https://www.ophiropt.com/en/temperature-rise-calculator
https://www.pentair.com/en-us/education-support/residential/calculators-and-tools/pool-spa-calculators/heat-pump-calculator.html

Investigar o aumento de temperatura nas bombas Calculadora Softwares e sua instalação em 5 softwares /aplicativos diferentes , usando uma combinação dos seguintes métodos:

i. Baixe versões gratuitas dessa calculadora moderna de aumento de temperatura em bombas Softwares e execute-os localmente em seu laptop/computador.
ii. Baixe versões gratuitas dessa calculadora moderna de aumento de temperatura em bombas Softwares e execute-os localmente em seu smartphone/tablet.

Este exercício treinará os alunos no uso de tal calculadora moderna de aumento de temperatura em bombas Softwares e suas opções disponíveis e apresentá-los à nova era dessa moderna calculadora de aumento de temperatura em bombas Softwares em smartphones e tablets. Uma pequena amostra de diferentes calculadoras modernas de aumento de temperatura em bombas Softwares também são abordados aqui. Eles podem ser necessários posteriormente durante seu curso, carreira e pesquisa. Também pode servir como um estudo preliminar para o aprendizado mais avançado/licenciado, como Calculadora Moderna de Aumento de Temperatura em Bombas Programas . Os resultados deverão ser demonstrados ao docente, antes da submissão. A submissão pode ser feita em cópia impressa ou eletrônica on-line. Siga as instruções subsequentes, incluindo os prazos relevantes, conforme indicado pelo docente. Os resultados esperados incluem um relatório docx /pdf, em bom formato, contendo o seguinte:

i. Uma folha de resumo da tarefa devidamente elaborada e preenchida.
ii. os detalhes do computador/laptop no qual as Calculadoras de Aumento de Temperatura nas Bombas serão instaladas ou as versões on-line do software.
iii. A calculadora moderna gratuita de aumento de temperatura em bombas Softwares baixados e seus detalhes, incluindo detalhes de instalação.
iv. Relatório de execução da calculadora moderna gratuita de aumento de temperatura em bombas Softwares , com cenários de demonstração de entrada fornecida e saída alcançada, possíveis detalhes sobre o nível de sucesso alcançado, etc. em cada um dos baixados, Calculadora Moderna de Aumento de Temperatura em Bombas Programas .
v. Uma análise sucessiva dos diferentes aumentos modernos de temperatura nas bombas Softwares e qual você considera melhor como software gratuito para laptop/computador.
vi. Os detalhes do smartphone/tablet sobre o qual a Calculadora Moderna de Aumento de Temperatura nas Bombas Softwares serão instalados.
vii. Relatório de execução de tal calculadora moderna de aumento de temperatura em bombas Softwares em smartphones/tablets, com cenários de demonstração de entrada fornecida e saída alcançada, possíveis detalhes sobre o nível de sucesso alcançado, etc. em cada uma das calculadoras modernas de aumento de temperatura em bombas Programas .
viii. Uma análise sucessiva dos diferentes aumentos modernos de temperatura nas bombas Softwares e qual você considera o melhor suporte para smartphones/tablets.
ix. Um capítulo de conclusões abrangente.
x. Referências em questão.

xi. Seção "Apêndice" que possui basicamente 3 partes: a primeira parte trata da alocação de tarefas no grupo, a segunda parte da atribuição de agendamento de tarefas e a terceira parte trata das notas de supervisão da reunião e das orientações nelas fornecidas.

4.5 Tarefa 1 9 : Calculadora do Fator de Qualidade (Q) da Cavidade Ressonante Programas .

Recomendação: realizar em grupos de 2 alunos

Tempo prático sugerido – cerca de 6 horas

Você pode consultar os seguintes sites e mais fontes:

https://www.calculatoratoz.com/en/cavity-quality-factor-calculator/Calc-13675
https://engineering.icalculator.com/quality-factor-of-resonant-cavity-calculator.html
https://optics.ansys.com/hc/en-us/articles/360041611774-Quality-factor-calculations-for-a-resonant-cavity
https://www.rfwireless-world.com/calculators/rectangular-cavity-resonator-calculator.html
http://www.pronine.ca/qbw.htm
https://www.calculators.live/q-factor-cavity-resonator
https://engineering.icalculator.com/mechanical-quality-factor-calculator.html
https://www.easycalculation.com/engineering/electrical/optical-q-factor.php
https://www.omnicalculator.com/physics/rlc-circuit
https://www.teslascientific.com/products/q-factor-calculator/
https://www.allaboutcircuits.com/textbook/alternating-current/chpt-6/q-and-bandwidth-resonant-circuit/
https://www.seventransistorlabs.com/Calc/RLC.html
https://www.azcalculator.com/calc/quality-(q)-factor-of-resonant-cavity-in-optical-systems.php
https://www.rp-photonics.com/q_factor.html
https://coppermountaintech.com/determining-resonator-q-factor-from-return-loss-measurement-alone/
https://www.rfwireless-world.com/calculators/circular-cavity-resonator-calculator.html
https://www.calculatoratoz.com/en/q-factor-of-loaded-resonator-circuit-calculator/Calc-14596
https://opg.optica.org/oe/fulltext.cfm?uri=oe-27-10-14505&id=412173
https://www.calctown.com/calculators/air-filled-circular-cavity-resonator-calculator
https://eliterfllc.com/rf-calculators/inductor-quality-factor-calculator

https://www.giangrandi.ch/electronics/ringdownq/ringdownq.shtml

https://learnemc.com/EXT/calculators/Cavity_Resonance_Calculator/index.html

Investigar no Fator de Qualidade (Q) da Calculadora da Cavidade Ressonante Softwares e sua instalação em 5 softwares /aplicativos diferentes , usando uma combinação dos seguintes métodos:

i. Baixe versões gratuitas dessa calculadora de fator de cavidade ressonante de qualidade moderna (Q) Softwares e execute-os localmente em seu laptop/computador.
ii. Baixe versões gratuitas dessa calculadora de fator de cavidade ressonante de qualidade moderna (Q) Softwares e execute-os localmente em seu smartphone/tablet.

Este exercício treinará os alunos no uso de tal calculadora de fator de cavidade ressonante de qualidade moderna (Q). Softwares e suas opções disponíveis e apresentá-los à nova era dessa Calculadora Moderna de Fator de Qualidade (Q) de Cavidade Ressonante Softwares em smartphones e tablets. Uma pequena amostra de diferentes fatores de qualidade moderna (Q) da calculadora de cavidade ressonante Softwares também são abordados aqui. Eles podem ser necessários posteriormente durante seu curso, carreira e pesquisa. Também pode servir como um estudo preliminar para o aprendizado mais avançado/licenciado, como Calculadora de Fator de Cavidade Ressonante de Qualidade Moderna (Q). Programas . Os resultados deverão ser demonstrados ao docente, antes da submissão. A submissão pode ser feita em cópia impressa ou eletrônica on-line. Siga as instruções subsequentes, incluindo os prazos relevantes, conforme indicado pelo docente. Os resultados esperados incluem um relatório docx /pdf, em bom formato, contendo o seguinte:

i. Uma folha de resumo da tarefa devidamente elaborada e preenchida.
ii. Os detalhes do computador/laptop sobre o qual a Calculadora do Fator de Qualidade Moderna (Q) da Cavidade Ressonante Os softwares serão instalados ou as versões de software online serão acessadas.
iii. A calculadora gratuita do fator de qualidade moderna (Q) da cavidade ressonante Softwares baixados e seus detalhes, incluindo detalhes de instalação.
iv. Relatório de execução da calculadora gratuita do fator de qualidade moderna (Q) da cavidade ressonante Softwares , com cenários de demonstração de entrada fornecida e saída alcançada, possíveis detalhes sobre o nível de sucesso alcançado,

etc. em cada um dos baixados como Calculadora de Fator de Cavidade Ressonante de Qualidade Moderna (Q) Programas .

v. Uma análise sucessiva dos diferentes fatores de qualidade moderna (Q) da calculadora de cavidade ressonante Softwares e qual você considera melhor como software gratuito para laptop/computador.

vi. Os detalhes do smartphone/tablet sobre o qual a Calculadora do Fator de Qualidade Moderna (Q) da Cavidade Ressonante Softwares serão instalados.

vii. Relatório de execução de tal calculadora de fator de qualidade moderna (Q) de cavidade ressonante Softwares em smartphones/tablets, com cenários de demonstração de entrada fornecida e saída alcançada, possíveis detalhes sobre o nível de sucesso alcançado, etc. em cada um dos Fatores de Qualidade Moderna (Q) da Calculadora de Cavidade Ressonante Programas .

viii. Uma análise sucessiva dos diferentes fatores de qualidade moderna (Q) da calculadora de cavidade ressonante Softwares e qual você considera o melhor suporte para smartphones/tablets.

ix. Um capítulo de conclusões abrangente.

x. Referências em questão.

xi. Seção "Apêndice" que possui basicamente 3 partes: a primeira parte trata da alocação de tarefas no grupo, a segunda parte da atribuição de agendamento de tarefas e a terceira parte trata das notas de supervisão da reunião e das orientações nelas fornecidas.

4.6 Tarefa 20 : Calculadora de resistor paralelo Programas .

Recomendação: realizar em grupos de 2 alunos

Tempo prático sugerido – cerca de 6 horas

Você pode consultar os seguintes sites e mais fontes:

https://www.digikey.com/en/resources/conversion-calculators/conversion-calculator-parallel-and-series-resistor

https://www.allaboutcircuits.com/tools/parallel-resistance-calculator/

https://www.omnicalculator.com/physics/parallel-resistor

https://circuitdigest.com/calculators/resistors-in-parallel-calculator

https://uk.farnell.com/parallel-resistance-calculator

https://www.utmel.com/tools/parallel-and-series-resistor-calculator?id=22
https://www.lcsc.com/tools/conversion-calculator-parallel-and-series-resistor
https:// saving.em.keysight.com/en/calculators/parallel-resistor-calculator
https://www.1728.org/resistrs.htm
https://www.inchcalculator.com/parallel-resistance-calculator/
http://mustcalculate.com/electronics/parallelresistance.php
https://www.calculator.net/resistor-calculator.html
https://zalophusdokdo.github.io/ConversionCalculators/en/conversion-calculator-parallel-and-series-resistor.html
https://www.daycounter.com/Calculators/Parallel-Resistance-Calculator.phtml
https://calculatorhub.app/parallel-resistor/
https://www.fodey.com/electronics/parallel-resistance-calculator
https://www.mathcelebrity.com/pararesist.php?num1=96,97,86,93,96,96,86&pl=Calculate+Resistance
https://electronicsguruji.com/parallel-resistor-calculator/
https://electronicbase.net/parallel-resistor-calculator/
http://www.pronine.ca/parres.htm
https://www.flux.ai/blog/parallel-and-series-resistor-calculator
https://www.pad2pad.com/calculators/parallel-resistor/
https://theengineeringmindset.com/parallel-resistor-calculator/
https://theorycircuit.com/parallel-resistor-calculator/
https://www.engineersedge.com/instrumentation/resistors-parallel.htm
https://solderingmind.com/parallel-resistor-calculator/
https://www.amplifiedparts.com/tech-articles/led-parallel-series-calculator
https://www.a8blog.com/en_rlc.htm
https://3roam.com/parallel-resistor-calculator-in-reverse/
https://www.electricalcalculators.org/parallel-resistor-calculator/
https://www.tmatlantic.com/company_news/index.php?news=51619
https://calculators.io/parallel-resistor/
https://physics.icalculator.com/led-parallel-resistor-calculator.html
https://www.daycounter.com/Calculators/Parallel-Resistor-Combination-Calculator.phtml
https://calculator-online.net/parallel-resistor-calculator/
https://www.next.gr/parallel-resistors-calculator.html

Investigue na calculadora de resistores paralelos Softwares e sua instalação em 5 softwares /aplicativos diferentes , usando uma combinação dos seguintes métodos:

i. Baixe versões gratuitas dessa calculadora moderna de resistor paralelo Softwares e execute-os localmente em seu laptop/computador.
ii. Baixe versões gratuitas dessa calculadora moderna de resistor paralelo Softwares e execute-os localmente em seu smartphone/tablet.

Este exercício treinará os alunos no uso de tal calculadora moderna de resistores paralelos Softwares e suas opções disponíveis e apresentá-los à nova era da moderna calculadora de resistor paralelo Softwares em smartphones e tablets. Uma pequena amostra de diferentes calculadoras modernas de resistores paralelos Softwares também são abordados aqui. Eles podem ser necessários posteriormente durante seu curso, carreira e pesquisa. Também pode servir como um estudo preliminar para aprender mais avançado/licenciado, como Calculadora Moderna de Resistor Paralelo Programas . Os resultados deverão ser demonstrados ao docente, antes da submissão. A submissão pode ser feita em cópia impressa ou eletrônica on-line. Siga as instruções subsequentes, incluindo os prazos relevantes, conforme indicado pelo docente. Os resultados esperados incluem um relatório docx /pdf, em bom formato, contendo o seguinte:

i. Uma folha de resumo da tarefa devidamente elaborada e preenchida.
ii. Os detalhes do computador/laptop sobre o qual a Calculadora de Resistor Paralelo Os softwares serão instalados ou as versões de software online serão acessadas.
iii. calculadora moderna de resistor paralelo gratuita Softwares baixados e seus detalhes, incluindo detalhes de instalação.
iv. Relatório de execução da moderna calculadora de resistor paralelo gratuita Softwares , com cenários de demonstração de entrada fornecida e saída alcançada, possíveis detalhes sobre o nível de sucesso alcançado, etc. em cada um dos baixados como Calculadora Moderna de Resistor Paralelo Programas .
v. Uma análise sucessiva das diferentes calculadoras modernas de resistores paralelos Softwares e qual você considera melhor como software gratuito para laptop/computador.
vi. Os detalhes do smartphone/tablet sobre o qual a Calculadora Moderna de Resistor Paralelo Softwares serão instalados.
vii. Relatório de execução de tal calculadora moderna de resistor paralelo Softwares em smartphones/tablets, com cenários de demonstração de entrada fornecida e saída

alcançada, possíveis detalhes sobre o nível de sucesso alcançado, etc. em cada uma das Calculadoras Modernas de Resistores Paralelos Programas .

viii. Uma análise sucessiva das diferentes calculadoras modernas de resistores paralelos Softwares e qual você considera o melhor suporte para smartphones/tablets.

ix. Um capítulo de conclusões abrangente.

x. Referências em questão.

xi. Seção "Apêndice" que possui basicamente 3 partes: a primeira parte trata da alocação de tarefas no grupo, a segunda parte da atribuição de agendamento de tarefas e a terceira parte trata das notas de supervisão da reunião e das orientações nelas fornecidas.

4.7 Tarefa 21 : Resistência Total da Série, Calculadora de Circuito Paralelo Programas

.

Recomendação: realizar em grupos de 2 alunos

Tempo prático sugerido – cerca de 6 horas

Você pode consultar os seguintes sites e mais fontes:

https://www.digikey.com/en/resources/conversion-calculators/conversion-calculator-parallel-and-series-resistor

https://www.utmel.com/tools/parallel-and-series-resistor-calculator?id=22

https://www.allaboutcircuits.com/tools/parallel-resistance-calculator/

https://www.lcsc.com/tools/conversion-calculator-parallel-and-series-resistor

https://zalophusdokdo.github.io/ConversionCalculators/en/conversion-calculator-parallel-and-series-resistor.html

https://www.omnicalculator.com/physics/parallel-resistor

https://circuitdigest.com/calculators/resistors-in-parallel-calculator

https://www.amplifiedparts.com/tech-articles/resistor-parallel-series-calculator

https:// saving.em.keysight.com/en/calculators/parallel-resistor-calculator

https://www.apogeeweb.net/tools/parallel-and-series-resistor-calculator.html

https://engineering.icalculator.com/total-resistance-of-series-parallel-circuit-calculator.html

https://dipslab.com/series-and-parallel-circuit-calculator/

https://www.wikihow.com/Calculate-Total-Resistance-in-Circuits

https://courses.lumenlearning.com/suny-physics/chapter/21-1-resistors-in-series-and-parallel/

https://www.electricity-magnetism.org/how-do-i-calculate-the-total-resistance-in-a-parallel-circuit/
https://www.easycalculation.com/engineering/electrical/total-resistance-calculator.php
https://play.google.com/store/apps/details?id=com.series.parallel.resistors.circuitcalculator.seriesparallel&hl=en_NZ
https://electronicbase.net/series-resistor-calculator/
https://www.electronics-tutorials.ws/resistor/res_5.html
https://www.allaboutcircuits.com/textbook/direct-current/chpt-5/power-calculations/
https://getcalculators.com/lifestyle/resistance
https://www.omnicalculator.com/physics/series-resistor
https://www.etechnog.com/2023/07/series-and-parallel-resistor.html
https://circuitdigest.com/calculators/resistors-in-series-calculator

Investigue na resistência total da série, calculadora de circuito paralelo Softwares e sua instalação em 5 softwares /aplicativos diferentes , usando uma combinação dos seguintes métodos:

i. Baixe versões gratuitas de Modern Total Resistance of Series, Parallel Circuit Calculator Softwares e execute-os localmente em seu laptop/computador.
ii. Baixe versões gratuitas de Modern Total Resistance of Series, Parallel Circuit Calculator Softwares e execute-os localmente em seu smartphone/tablet.

Este exercício treinará os alunos no uso de tais calculadoras modernas de resistência total em série e circuito paralelo. Softwares e suas opções disponíveis e apresentá-los à nova era da Moderna Resistência Total de Série, Calculadora de Circuito Paralelo Softwares em smartphones e tablets. Um pequeno resumo de diferentes resistências totais modernas de série, calculadora de circuito paralelo Softwares também são abordados aqui. Eles podem ser necessários posteriormente durante seu curso, carreira e pesquisa. Também pode servir como um estudo preliminar para o aprendizado mais avançado/licenciado, como Moderna Resistência Total de Série, Calculadora de Circuito Paralelo Programas . Os resultados deverão ser demonstrados ao docente, antes da submissão. A submissão pode ser feita em cópia impressa ou eletrônica on-line. Siga as instruções subsequentes, incluindo os prazos relevantes, conforme indicado pelo docente. Os resultados esperados incluem um relatório docx /pdf, em bom formato, contendo o seguinte:

i. Uma folha de resumo da tarefa devidamente elaborada e preenchida.

ii. Os detalhes do computador/laptop sobre o qual a Moderna Resistência Total de Série, Calculadora de Circuito Paralelo Os softwares serão instalados ou as versões de software online serão acessadas.

iii. resistência total de série, calculadora de circuito paralelo gratuita Softwares baixados e seus detalhes, incluindo detalhes de instalação.

iv. Relatório de execução gratuita, como Resistência Total de Série, Calculadora de Circuito Paralelo Softwares , com cenários de demonstração de entrada fornecida e saída alcançada, possíveis detalhes sobre o nível de sucesso alcançado etc. em cada um dos baixados como Moderna Resistência Total de Série, Calculadora de Circuito Paralelo Programas .

v. Uma análise sucessiva das diferentes Resistência Total Moderna de Série, Calculadora de Circuito Paralelo Softwares e qual você considera melhor como software gratuito para laptop/computador.

vi. Os detalhes do smartphone/tablet sobre o qual a Moderna Resistência Total de Série, Calculadora de Circuito Paralelo Softwares serão instalados.

vii. Relatório de execução de tal moderna resistência total de série, calculadora de circuito paralelo Softwares em smartphones/tablets, com cenários de demonstração de entrada fornecida e saída alcançada, possíveis detalhes sobre o nível de sucesso alcançado, etc. em cada uma das Calculadoras de Resistência Total de Série, Circuito Paralelo Programas .

viii. Uma análise sucessiva das diferentes resistências totais modernas de série, calculadora de circuito paralelo Softwares e qual você considera o melhor suporte para smartphones/tablets.

ix. Um capítulo de conclusões abrangente.

x. Referências em questão.

xi. Seção “Apêndice” que possui basicamente 3 partes: a primeira parte trata da alocação de tarefas no grupo, a segunda parte da atribuição de agendamento de tarefas e a terceira parte trata das notas de supervisão da reunião e das orientações nelas fornecidas.

Seção 5: Calculadoras de Torno.

5.1 Tarefa 22: Calculadora do Tempo de Perfuração do Torno Programas .

Recomendação: realizar em grupos de 2 alunos

Tempo prático sugerido – cerca de 6 horas

Você pode consultar os seguintes sites e mais fontes:

https://engineering.icalculator.com/lathe-boring-time-calculator.html
https://www.easycalculation.com/engineering/mechanical/latheoperations-boring.php
https://www.calculatorschool.com/macheng/LatheBoring.aspx
https://play.google.com/store/apps/details?id=com.sandvik.materialcalculator.activities&hl=en&gl=US
https://www.sumitool.com.au/cutting-calc/
https://www.scribd.com/document/233151046/Machining-Time-Calculation
https://www.secotools.com/article/114063
https://play.google.com/store/apps/details?id=com.millingcalculator.millingcalculator&hl=en&gl=US
https://www.calculatoratoz.com/en/machining-time-for-drilling-operation-calculator/Calc-10799

Investigue na Calculadora de Tempo de Perfuração do Torno Softwares e sua instalação em 5 softwares /aplicativos diferentes , usando uma combinação dos seguintes métodos:

i. Baixe versões gratuitas dessa calculadora de tempo chato de torno moderno Softwares e execute-os localmente em seu laptop/computador.
ii. Baixe versões gratuitas dessa calculadora de tempo chato de torno moderno Softwares e execute-os localmente em seu smartphone/tablet.

Este exercício treinará os alunos no uso da Calculadora de Tempo de Perfuração do Torno Moderno Softwares e suas opções disponíveis e apresentá-los à nova era dessa calculadora de tempo chato de torno moderno Softwares em smartphones e tablets. Uma pequena amostra de diferentes calculadoras de tempo chato de torno moderno Softwares também são abordados aqui. Eles podem ser necessários posteriormente durante seu curso, carreira e pesquisa. Também pode servir como um estudo preliminar para aprender mais avançado/licenciado, como Calculadora de Tempo de Perfuração de Torno Moderno Programas . Os resultados deverão ser demonstrados ao docente, antes da submissão. A submissão pode ser feita em cópia impressa ou eletrônica on-line. Siga as instruções subsequentes, incluindo os prazos relevantes, conforme indicado pelo docente. Os resultados esperados incluem um relatório docx /pdf, em bom formato, contendo o seguinte:

i. Uma folha de resumo da tarefa devidamente elaborada e preenchida.
ii. os detalhes do computador/laptop no qual as Calculadoras de Tempo de Perfuração do Torno serão instaladas ou as versões do software on-line.
iii. calculadora gratuita de tempo chato de torno moderno Softwares baixados e seus detalhes, incluindo detalhes de instalação.
iv. Calculadora de Tempo de Perfuração de Torno Moderno gratuita Softwares , com cenários de demonstração de entrada fornecida e saída alcançada, possíveis detalhes sobre o nível de sucesso alcançado, etc. em cada um dos baixados como Calculadora de Tempo de Mandrilamento de Torno Moderno Programas .
v. Uma análise sucessiva das diferentes Calculadoras de Tempo de Perfuração do Torno Moderno Softwares e qual você considera melhor como software gratuito para laptop/computador.
vi. Os detalhes do smartphone/tablet sobre o qual a Calculadora de Tempo de Perfuração do Torno Moderno Softwares serão instalados.
vii. calculadora de tempo chato de torno moderno Softwares em smartphones/tablets, com cenários de demonstração de entrada fornecida e saída alcançada, possíveis detalhes sobre o nível de sucesso alcançado, etc. em cada uma das Calculadoras de Tempo de Mandrilamento do Torno Moderno Programas .
viii. Uma análise sucessiva das diferentes calculadoras de tempo de perfuração do torno moderno Softwares e qual você considera o melhor suporte para smartphones/tablets.
ix. Um capítulo de conclusões abrangente.
x. Referências em questão.
xi. Seção "Apêndice" que possui basicamente 3 partes: a primeira parte trata da alocação de tarefas no grupo, a segunda parte a atribuição do agendamento de tarefas e a terceira parte trata das notas de supervisão da reunião e das orientações nelas fornecidas.

5.2 Tarefa 23 : Calculadora do tempo de corte da operação do torno Programas . Recomendação: realizar em grupos de 2 alunos

Tempo prático sugerido – cerca de 6 horas

Você pode consultar os seguintes sites e mais fontes:

https://janproducts.com/Lathe_Cutting_Time.html
http://www.calculatoredge.com/mech/lathop.htm
https://engineering.icalculator.com/lathe-turning-time-calculator.html
https://www.sumitool.com/en/downloads/app/calc_turning.html
https://www.machiningdoctor.com/calculators/turning-calculators-2/
https://www.custompartnet.com/calculator/turning-speed-and-feed
https://www.calculatorschool.com/macheng/LatheTurning.aspx
https://www.easycalculation.com/engineering/mechanical/latheoperations-turnings.php
https://calculator.academy/cutting-time-calculator/
https://www.youtube.com/watch?v=BHnbIR-Vujw
https://www.kennametal.com/us/en/resources/engineering-calculators/turning-calculators.html
https://www.cnclathing.com/turning-speed-and-feed-calculator
https://www.easycalculation.com/engineering/mechanical/latheoperations-tapping.php
https://www.calculatorschool.com/macheng/LatheOperationstapping.aspx
https://www.calculatoratoz.com/en/machining-time-for-turning-operation-calculator/Calc-10193

Investigar na Calculadora de Tempo de Corte de Operação do Torno Softwares e sua instalação em 5 softwares /aplicativos diferentes , usando uma combinação dos seguintes métodos:

i. Baixe versões gratuitas dessa calculadora de tempo de corte de operação de torno moderno Softwares e execute-os localmente em seu laptop/computador.
ii. Baixe versões gratuitas dessa calculadora de tempo de corte de operação de torno moderno Softwares e execute-os localmente em seu smartphone/tablet.

Este exercício treinará os alunos no uso de tal Calculadora de Tempo de Corte de Operação de Torno Moderno Softwares e suas opções disponíveis e apresentá-los à nova era dessa Calculadora de Tempo de Corte de Operação de Torno Moderno Softwares em smartphones e tablets. Uma pequena amostra de diferentes calculadoras de tempo de corte de operação de torno moderno Softwares também são abordados aqui. Eles podem ser necessários posteriormente durante seu curso, carreira e pesquisa. Também pode servir como um estudo preliminar para aprender mais avançado/licenciado, como Calculadora de Tempo de Corte de Operação de Torno Moderno Programas . Os resultados deverão ser demonstrados ao docente, antes da submissão. A submissão pode ser feita em cópia impressa ou eletrônica on-line. Siga as instruções subsequentes, incluindo os prazos relevantes, conforme indicado pelo docente. Os resultados esperados incluem um relatório docx /pdf, em bom formato, contendo o seguinte:

i. Uma folha de resumo da tarefa devidamente elaborada e preenchida.
ii. Os detalhes do computador/laptop sobre o qual a Calculadora de Tempo de Corte de Operação do Torno Moderno Os softwares serão instalados ou as versões de software online serão acessadas.
iii. calculadora gratuita de tempo de corte de operação de torno moderno Softwares baixados e seus detalhes, incluindo detalhes de instalação.
iv. Relatório de execução da Calculadora de Tempo de Corte de Operação de Torno Moderno gratuita Softwares , com cenários de demonstração de entrada fornecida e saída alcançada, possíveis detalhes sobre o nível de sucesso alcançado, etc. em cada um dos baixados, Calculadora de Tempo de Corte de Operação de Torno Moderno Programas .
v. Uma análise sucessiva das diferentes calculadoras de tempo de corte de operação de torno moderno Softwares e qual você considera melhor como software gratuito para laptop/computador.
vi. Os detalhes do smartphone/tablet sobre o qual a Calculadora de Tempo de Corte de Operação do Torno Moderno Softwares serão instalados.
vii. Relatório de execução de tal calculadora de tempo de corte de operação de torno moderno Softwares em smartphones/tablets, com cenários de demonstração de entrada fornecida e saída alcançada, possíveis detalhes sobre o nível de sucesso alcançado, etc. em cada uma das calculadoras de tempo de corte de operação de torno moderno Programas .
viii. Uma análise sucessiva das diferentes calculadoras de tempo de corte de operação do torno moderno Softwares e qual você considera o melhor suporte para smartphones/tablets.
ix. Um capítulo de conclusões abrangente.
x. Referências em questão.
xi. Seção "Apêndice" que possui basicamente 3 partes: a primeira parte trata da alocação de tarefas no grupo, a segunda parte da atribuição de agendamento de tarefas e a terceira parte trata das notas de supervisão da reunião e das orientações nelas fornecidas.

5.3 Tarefa 24 : Calculadora do tempo de perfuração do torno Programas .

Recomendação: realizar em grupos de 2 alunos

Tempo prático sugerido – cerca de 6 horas

Você pode consultar os seguintes sites e mais fontes:

https://www.custompartnet.com/calculator/drilling-speed-and-feed
https://www.machiningdoctor.com/calculators/drilling-calculators/
https://engineering.icalculator.com/lathe-drilling-time-calculator.html
http://www.calculatoredge.com/mech/lathop.htm
https://www.easycalculation.com/engineering/mechanical/latheoperations-drilling.php
https://www.machiningdoctor.com/calculators/speeds-and-feeds-calculator/
https://www.calculatoratoz.com/en/machining-time-for-drilling-operation-calculator/Calc-10799
https://www.cnclathing.com/drilling-speed-and-feed-calculator
https://www.calculatorschool.com/macheng/LatheTurning.aspx
https://www.wisc-online.com/LearningContent/mtl8202/MLT8202.htm
https://www.microcalculator.co/lathe-drilling-time/
https://www.cncookbook.com/drill-feeds-speeds-calculator/
https://www.engineersedge.com/calculators/machining-cutting-speeds-calc.htm
https://www.carbidedepot.com/formulas-drilling.htm

Investigue na Calculadora de Tempo de Perfuração do Torno Softwares e sua instalação em 5 softwares /aplicativos diferentes , usando uma combinação dos seguintes métodos:

i. Baixe versões gratuitas dessa calculadora de tempo de perfuração de torno moderno Softwares e execute-os localmente em seu laptop/computador.
ii. Baixe versões gratuitas dessa calculadora de tempo de perfuração de torno moderno Softwares e execute-os localmente em seu smartphone/tablet.

Este exercício treinará os alunos no uso da Calculadora de Tempo de Perfuração de Torno Moderno Softwares e suas opções disponíveis e apresentá-los à nova era da Calculadora de Tempo de Perfuração de Torno Moderno Softwares em smartphones e tablets. Uma pequena amostra de diferentes calculadoras de tempo de perfuração de torno moderno Softwares também são abordados aqui. Eles podem ser necessários posteriormente durante seu curso, carreira e pesquisa. Também pode servir como um estudo preliminar para aprender mais avançado/licenciado, como Calculadora de Tempo de Perfuração de Torno Moderno Programas . Os resultados deverão ser demonstrados ao docente, antes da submissão. A submissão pode ser feita em cópia impressa ou eletrônica on-line. Siga as instruções subsequentes, incluindo os prazos relevantes, conforme indicado pelo docente. Os resultados esperados incluem um relatório docx /pdf, em bom formato, contendo o seguinte:

i. Uma folha de resumo da tarefa devidamente elaborada e preenchida.
ii. os detalhes do computador/laptop no qual as Calculadoras de Tempo de Perfuração do Torno serão instaladas ou as versões do software on-line.
iii. calculadora gratuita de tempo de perfuração de torno moderno Softwares baixados e seus detalhes, incluindo detalhes de instalação.
iv. Calculadora de Tempo de Perfuração de Torno Moderno gratuita Softwares , com cenários de demonstração de entrada fornecida e saída alcançada, possíveis detalhes sobre o nível de sucesso alcançado, etc. em cada um dos baixados, Calculadora de Tempo de Perfuração de Torno Moderno Programas .
v. Uma análise sucessiva das diferentes calculadoras de tempo de perfuração do torno moderno Softwares e qual você considera melhor como software gratuito para laptop/computador.
vi. Os detalhes do smartphone/tablet sobre o qual a Calculadora de Tempo de Perfuração do Torno Moderno Softwares serão instalados.
vii. Relatório de execução de tal calculadora de tempo de perfuração de torno moderno Softwares em smartphones/tablets, com cenários de demonstração de entrada fornecida e saída alcançada, possíveis detalhes sobre o nível de sucesso alcançado, etc. em cada uma das Calculadoras de Tempo de Perfuração do Torno Moderno Programas .
viii. Uma análise sucessiva das diferentes calculadoras de tempo de perfuração do torno moderno Softwares e qual você considera o melhor suporte para smartphones/tablets.
ix. Um capítulo de conclusões abrangente.
x. Referências em questão.
xi. Seção "Apêndice" que possui basicamente 3 partes: a primeira parte trata da alocação de tarefas no grupo, a segunda parte da atribuição de agendamento de tarefas e a terceira parte trata das notas de supervisão da reunião e das orientações nelas fornecidas.

5.4 Tarefa 25 : Calculadora do tempo de torneamento do torno Programas .

Recomendação: realizar em grupos de 2 alunos

Tempo prático sugerido – cerca de 6 horas

Você pode consultar os seguintes sites e mais fontes:

https://www.machiningdoctor.com/calculators/turning-calculators-2/
https://janproducts.com/Lathe_Cutting_Time.html
http://www.calculatoredge.com/mech/lathop.htm
https://www.custompartnet.com/calculator/turning-speed-and-feed
https://engineering.icalculator.com/lathe-turning-time-calculator.html
https://www.kennametal.com/us/en/resources/engineering-calculators/turning-calculators.html
https://www.easycalculation.com/engineering/mechanical/latheoperations-turnings.php
https://www.cnclathing.com/turning-speed-and-feed-calculator
https://calculator.academy/lathe-rpm-calculator/

Investigue na calculadora de tempo de giro do torno Softwares e sua instalação em 5 softwares /aplicativos diferentes , usando uma combinação dos seguintes métodos:

i. Baixe versões gratuitas dessa calculadora de tempo de giro de torno moderno Softwares e execute-os localmente em seu laptop/computador.
ii. Baixe versões gratuitas dessa calculadora de tempo de giro de torno moderno Softwares e execute-os localmente em seu smartphone/tablet.

Este exercício treinará os alunos no uso de tal calculadora de tempo de torneamento de torno moderno Softwares e suas opções disponíveis e apresentá-los à nova era dessa Calculadora de Tempo de Torno Moderno Softwares em smartphones e tablets. Uma pequena amostra de diferentes calculadoras de tempo de torneamento de torno moderno Softwares também são abordados aqui. Eles podem ser necessários posteriormente durante seu curso, carreira e pesquisa. Também pode servir como um estudo preliminar para aprender mais avançado/licenciado, como Calculadora de tempo de torneamento de torno moderno Programas . Os resultados deverão ser demonstrados ao docente, antes da submissão. A submissão pode ser feita em cópia impressa ou eletrônica on-line. Siga as instruções subsequentes, incluindo os prazos relevantes, conforme indicado pelo docente. Os resultados esperados incluem um relatório docx /pdf, em bom formato, contendo o seguinte:

i. Uma folha de resumo da tarefa devidamente elaborada e preenchida.

ii. os detalhes do computador/laptop no qual as calculadoras de tempo de giro do torno serão instaladas ou as versões do software on-line.

iii. calculadora gratuita de tempo de giro de torno moderno Softwares baixados e seus detalhes, incluindo detalhes de instalação.

iv. calculadora de tempo de giro de torno moderno gratuita Softwares , com cenários de demonstração de entrada fornecida e saída alcançada, possíveis detalhes sobre o nível de sucesso alcançado, etc. em cada um dos baixados como Calculadora de tempo de torneamento de torno moderno Programas .

v. Uma análise sucessiva das diferentes calculadoras de tempo de giro do torno moderno Softwares e qual você considera melhor como software gratuito para laptop/computador.

vi. Os detalhes do smartphone/tablet sobre o qual a calculadora de tempo de giro do torno moderno Softwares serão instalados.

vii. Relatório de execução de tal calculadora de tempo de giro de torno moderno Softwares em smartphones/tablets, com cenários de demonstração de entrada fornecida e saída alcançada, possíveis detalhes sobre o nível de sucesso alcançado, etc. em cada uma das calculadoras de tempo de torneamento de torno moderno Programas .

viii. Uma análise sucessiva das diferentes calculadoras de tempo de torneamento do torno moderno Softwares e qual você considera o melhor suporte para smartphones/tablets.

ix. Um capítulo de conclusões abrangente.

x. Referências em questão.

xi. Seção "Apêndice" que possui basicamente 3 partes: a primeira parte trata da alocação de tarefas no grupo, a segunda parte da atribuição de agendamento de tarefas e a terceira parte trata das notas de supervisão da reunião e das orientações nelas fornecidas.

Seção 6: Calculadoras de Cabo.

6.1 Tarefa 26: Calculadora de Força do Cabo Programas .

Recomendação: realizar em grupos de 2 alunos

Tempo prático sugerido – cerca de 6 horas

Você pode consultar os seguintes sites e mais fontes:

https://engineering.icalculator.com/cable-force-calculator.html
https://www.engineeringtoolbox.com/cable-loads-d_1816.html#gsc.tab=0
https://www.balancecommunity.com/pages/tension-calculator
https://calchub.xyz/cable-force/
https://www.calqlata.com/Online-Calculators/Catenary.html
https://calculator-online.net/tension-calculator/
https://www.engineersedge.com/calculators/sling_cable_tension_13734.htm
https://www.calqlata.com/productpages/00044-help.html
https://www.easycalculation.com/engineering/electrical/force-cable-support-ends.php
https://engineerexcel.com/catenary-cable-tension-in-excel/
https://forums.mikeholt.com/threads/cable-pulling-force-calculation.58179/
https://www.greenlee.com/us/en/pulling-calculator
https://www.azcalculator.com/calc/-cable-force.php
https://www.easycalculation.com/physics/classical-physics/rope-tension-calculator.php

Investigue na calculadora de força do cabo Softwares e sua instalação em 5 softwares /aplicativos diferentes , usando uma combinação dos seguintes métodos:

i. Baixe versões gratuitas dessa Calculadora Moderna de Força de Cabo Softwares e execute-os localmente em seu laptop/computador.
ii. Baixe versões gratuitas dessa Calculadora Moderna de Força de Cabo Softwares e execute-os localmente em seu smartphone/tablet.

Este exercício treinará os alunos no uso da Calculadora Moderna de Força de Cabo Softwares e suas opções disponíveis e apresentá-los à nova era da Calculadora Moderna de Força de Cabo Softwares em smartphones e tablets. Uma pequena amostra de diferentes calculadoras modernas de força de cabo Softwares também são abordados aqui. Eles podem ser necessários posteriormente durante seu curso, carreira e pesquisa. Também pode servir como um estudo preliminar para aprender mais avançado/licenciado, como Calculadora Moderna de Força de

Cabo Programas . Os resultados deverão ser demonstrados ao docente, antes da submissão. A submissão pode ser feita em cópia impressa ou eletrônica on-line. Siga as instruções subsequentes, incluindo os prazos relevantes, conforme indicado pelo docente. Os resultados esperados incluem um relatório docx /pdf, em bom formato, contendo o seguinte:

i. Uma folha de resumo da tarefa devidamente elaborada e preenchida.

ii. Os detalhes do computador/laptop sobre o qual a calculadora de força do cabo Os softwares serão instalados ou as versões de software online serão acessadas.

iii. calculadora de força de cabo gratuita Softwares baixados e seus detalhes, incluindo detalhes de instalação.

iv. Relatório de execução da Calculadora Moderna de Força de Cabo gratuita Softwares , com cenários de demonstração de entrada fornecida e saída alcançada, possíveis detalhes sobre o nível de sucesso alcançado etc. em cada Software Calculador de Força de Cabo .

v. Uma análise sucessiva das diferentes Calculadoras Modernas de Força de Cabo Softwares e qual você considera melhor como software gratuito para laptop/computador.

vi. Os detalhes do smartphone/tablet sobre o qual a Calculadora Moderna de Força de Cabo Softwares serão instalados.

vii. Relatório de execução dessa calculadora moderna de força de cabo Softwares em smartphones/tablets, com cenários de demonstração de entrada fornecida e saída alcançada, possíveis detalhes sobre o nível de sucesso alcançado, etc. em cada uma das Calculadoras Modernas de Força de Cabo Programas .

viii. Uma análise sucessiva das diferentes Calculadoras Modernas de Força de Cabo Softwares e qual você considera o melhor suporte para smartphones/tablets.

ix. Um capítulo de conclusões abrangente.

x. Referências em questão.

xi. Seção “Apêndice” que possui basicamente 3 partes: a primeira parte trata da alocação de tarefas no grupo, a segunda parte da atribuição de agendamento de tarefas e a terceira parte trata das notas de supervisão da reunião e das orientações nelas fornecidas.

6.2 Tarefa 27 : Calculadora de comprimento de cabo de Sag Programas .

Recomendação: realizar em grupos de 2 alunos

Tempo prático sugerido – cerca de 6 horas

Você pode consultar os seguintes sites e mais fontes:
https://engineering.icalculator.com/cable-length-from-sag-span-calculator.html
https://www.easycalculation.com/engineering/electrical/cable-length-cable-span.php
https://www.spaceagecontrol.com/calccabl.htm
https://blog.engineeringpaper.xyz/cable-sag-calculator
https://www.calculatoratoz.com/en/sag-of-cable-at-midway-between-supports-dados-reações-máximas-at-supports-calculator/Calc-8505
https://polesnwires.com/articles/conductor-length-and-sag/
https://www.calculators.live/cable-length-sag-span
https://math.icalculator.com/cable-sag-error-calculator.html
https://www.edmundoptics.com/knowledge-center/tech-tools/sag/
https://math.stackexchange.com/questions/4267231/hanging-cable-problem-determine-sag-given-known-cable-length-and-distance-betw
https://calculator.academy/catenary-equation-calculator/
https://www.azcalculator.com/calc/cable-length.php
https://www.commscope.com/resources/calculators/storyspanmaster/
https://physics.stackexchange.com/questions/481379/catenary-equations-solving-for-sag-given-distance-and-cable-length
https://www.ziplinestop.com/pages/zip-line-calculator
https://www.calculatoratoz.com/en/maximum-sag-dado-comprimento-do-cabo-para-udl-on-parabolic-cable-calculator/Calc-8174
https://moosevalley.github.io/overhead_cable_sag_calculator.html
https://eguruchela.com/math/calculator/cable-sag-error.php
https://upptcl.org/upptcl/en/article/river-crossings-annexure1
https://calculator.academy/conductor-length-calculator/
https://overhead-cable-sag-calculator.apponic.com/
https://mycalculatorworld.com/sag-calculator/
https://scanftree.com/math/calculator/cable-sag-error

Investigue na calculadora de comprimento de cabo da Sag Softwares e sua instalação em 5 softwares /aplicativos diferentes , usando uma combinação dos seguintes métodos:

i. Baixe versões gratuitas dessa calculadora moderna de comprimento de cabo da Sag Softwares e execute-os localmente em seu laptop/computador.
ii. Baixe versões gratuitas dessa calculadora moderna de comprimento de cabo da Sag Softwares e execute-os localmente em seu smartphone/tablet.

Este exercício treinará os alunos no uso da Calculadora Moderna de Comprimento de Cabo da Sag Softwares e suas opções disponíveis e apresentá-los à nova era da Calculadora Moderna de Comprimento de Cabo da Sag Softwares em smartphones e tablets. Uma pequena amostra de diferentes calculadoras modernas de comprimento de cabo da Sag Softwares também são abordados aqui. Eles podem ser necessários posteriormente durante seu curso, carreira e pesquisa. Também pode servir como um estudo preliminar para aprender mais avançado/licenciado, como Calculadora Moderna de Comprimento de Cabo da Sag Programas . Os resultados deverão ser demonstrados ao docente, antes da submissão. A submissão pode ser feita em cópia impressa ou eletrônica on-line. Siga as instruções subsequentes, incluindo os prazos relevantes, conforme indicado pelo docente. Os resultados esperados incluem um relatório docx /pdf, em bom formato, contendo o seguinte:

i. Uma folha de resumo da tarefa devidamente elaborada e preenchida.
ii. Os detalhes do computador/laptop sobre o qual a Calculadora Moderna de Comprimento de Cabo da Sag Os softwares serão instalados ou as versões de software online serão acessadas.
iii. A calculadora moderna gratuita de comprimento de cabo da Sag Softwares baixados e seus detalhes, incluindo detalhes de instalação.
iv. Relatório de execução da Calculadora Moderna de Comprimento de Cabo gratuita da Sag Softwares , com cenários de demonstração de entrada fornecida e saída alcançada, possíveis detalhes sobre o nível de sucesso alcançado, etc. em cada uma das calculadoras modernas de comprimento de cabo baixadas da Sag Programas .
v. Uma análise sucessiva das diferentes Calculadoras Modernas de Comprimento de Cabo da Sag Softwares e qual você considera melhor como software gratuito para laptop/computador.
vi. Os detalhes do smartphone/tablet sobre o qual a Calculadora Moderna de Comprimento de Cabo da Sag Softwares serão instalados.
vii. Relatório de execução de tal calculadora moderna de comprimento de cabo da Sag Softwares em smartphones/tablets, com cenários de demonstração de entrada fornecida e saída alcançada, possíveis detalhes sobre o nível de sucesso alcançado,

etc. em cada uma das Calculadoras Modernas de Comprimento de Cabo da Sag Programas .

viii. Uma análise sucessiva das diferentes Calculadoras Modernas de Comprimento de Cabo da Sag Softwares e qual você considera o melhor suporte para smartphones/tablets.

ix. Um capítulo de conclusões abrangente.

x. Referências em questão.

xi. Seção "Apêndice" que possui basicamente 3 partes: a primeira parte trata da alocação de tarefas no grupo, a segunda parte da atribuição de agendamento de tarefas e a terceira parte trata das notas de supervisão da reunião e das orientações nelas fornecidas.

6.3 Tarefa 28 : Calculadora do comprimento do fio da mola de compressão Programas .

Recomendação: realizar em grupos de 2 alunos

Tempo prático sugerido – cerca de 6 horas

Você pode consultar os seguintes sites e mais fontes:

https://calculator.academy/spring-wire-length-calculator/

https://www.acxesspring.com/calculate-spring-wire-length.html

https://www.thespringstore.com/spring-calculator.html

https://engineering.icalculator.com/compression-spring-wire-length-calculator.html

https://www.tokaibane.com/en/cl/compression-spring-calculator/

https://www.newcombspring.com/springulator/compression-spring-calculator

https://www.easycalculation.com/engineering/mechanical/compression-spring-wire-length.php

https://www.acxesspring.com/compression-spring-calculations.html

https://www.tribology-abc.com/calculators/t14_1.htm

https://www.efunda.com/DesignStandards/springs/calc_comp_designer.cfm

https://www.omnicalculator.com/physics/spring

https://chinaspringcorp.com/how-to-calculate-spring-weight.html

https://www.cgtk.co.uk/metalwork/calculators/spring

https://webshop.alcomexsprings.com/calculator/index/index

https://engineering.icalculator.com/compression-spring-calculator.html

https://amesweb.info/MechanicalSprings/CompressionSpringForcedBasedDesign.aspx
https://www.compressionspring.com/spring-calculator-types.html
https://www.yostsuperior.com/determine-length-needed-spring/
https://www.engineersedge.com/spring_comp_calc_k.htm
https://www.coilsdb.com/compression-spring-calculator/
https://www.federnshop.com/en/calculation/compression_springs.html
https://www.thespringstore.com/spring-rate-calculator.html
https://webshop.alcomexsprings.com/calculator/compression/
http://www.advanexusa.com/calculator/
https://wyrmengineering.com/2023/07/17/compression-spring-calculations/
https://app-help.vectorworks.net/2016/eng/VW2016_Guide/Miscellaneous/Spring_Calculator.htm
https://www.centuryspring.com/spring-calculator
https://amesweb.info/MechanicalSprings/MechanicalSpringCalculators.aspx
https://www.stockspringscatalog.com/free-spring-calculator-software.html
https://springcreator.com/

Investigue na calculadora do comprimento do fio da mola de compressão Softwares e sua instalação em 5 softwares /aplicativos diferentes , usando uma combinação dos seguintes métodos:

i. Baixe versões gratuitas dessa calculadora moderna de comprimento de fio de mola de compressão Softwares e execute-os localmente em seu laptop/computador.
ii. Baixe versões gratuitas dessa calculadora moderna de comprimento de fio de mola de compressão Softwares e execute-os localmente em seu smartphone/tablet.

Este exercício treinará os alunos no uso de tal calculadora moderna de comprimento de fio de mola de compressão Softwares e suas opções disponíveis e apresentá-los à nova era dessa moderna calculadora de comprimento de fio de mola de compressão Softwares em smartphones e tablets. Uma pequena amostra de diferentes calculadoras modernas de comprimento de fio de mola de compressão Softwares também são abordados aqui. Eles podem ser necessários posteriormente durante seu curso, carreira e pesquisa. Também pode servir como um estudo preliminar para aprender mais avançado/licenciado, como Calculadora Moderna de Comprimento de Fio de Mola de Compressão Programas . Os resultados deverão ser demonstrados ao docente, antes da submissão. A submissão pode ser feita em cópia impressa ou eletrônica on-line. Siga as instruções subsequentes, incluindo os prazos relevantes, conforme indicado pelo docente. Os resultados esperados incluem um relatório docx /pdf, em bom formato, contendo o seguinte:

i. Uma folha de resumo da tarefa devidamente elaborada e preenchida.
ii. Os detalhes do computador/laptop sobre o qual a Calculadora Moderna de Comprimento do Fio da Mola de Compressão Os softwares serão instalados ou as versões de software online serão acessadas.
iii. calculadora moderna gratuita de comprimento de fio de mola de compressão Softwares baixados e seus detalhes, incluindo detalhes de instalação.
iv. Relatório de execução da calculadora moderna gratuita de comprimento de fio de mola de compressão Softwares , com cenários de demonstração de entrada fornecida e saída alcançada, possíveis detalhes sobre o nível de sucesso alcançado , etc. em cada um dos baixados, Calculadora Moderna de Comprimento de Fio de Mola de Compressão Programas .
v. Uma análise sucessiva das diferentes calculadoras modernas de comprimento de fio de mola de compressão Softwares e qual você considera melhor como software gratuito para laptop/computador.
vi. Os detalhes do smartphone/tablet sobre o qual a moderna calculadora de comprimento de fio de mola de compressão Softwares serão instalados.
vii. Relatório de execução de tal calculadora moderna de comprimento de fio de mola de compressão Softwares em smartphones/tablets, com cenários de demonstração de entrada fornecida e saída alcançada, possíveis detalhes sobre o nível de sucesso alcançado, etc. em cada uma das calculadoras modernas de comprimento de fio de mola de compressão Programas .
viii. Uma análise sucessiva das diferentes calculadoras modernas de comprimento de fio de mola de compressão Softwares e qual você considera o melhor suporte para smartphones/tablets.
ix. Um capítulo de conclusões abrangente.
x. Referências em questão.
xi. Seção "Apêndice" que possui basicamente 3 partes: a primeira parte trata da alocação de tarefas no grupo, a segunda parte a atribuição do agendamento de tarefas e a terceira parte trata das notas de supervisão da reunião e das orientações nelas fornecidas.

Seção 7: Outras calculadoras de fabricação.

7.1 Tarefa 29: Calculadora de Mola – Compressão Helicoidal Programas .

Recomendação: realizar em grupos de 2 alunos

Tempo prático sugerido – cerca de 6 horas

Você pode consultar os seguintes sites e mais fontes:

https://www.compressionspring.com/helical-compression-spring-design-calculator.html

https://www.springdesignsoftware.org/

https://www.thespringstore.com/free-spring-calculator-software.html

https://www.springdesignsoftware.org/compression-springs/

https://engineering.icalculator.com/compression-spring-calculator.html

https://www.compressionspring.com/helical-extension-spring-design-calculator.html

https://eibach.com/spring-rate-calculator

https://www.tokaibane.com/en/for-new-clients/spring-support

https://www.acxesspring.com/constant-force-helical-compression-spring-design-calculator.html

https://www.stockspringscatalog.com/design-helical-compression-spring-for-static-load.html

https://www.comsol.com/blogs/a-simulation-app-for-helical-spring-design-and-análise/

https://www.newcombspring.com/springulator

https://www.hexagon.de/fed_e.htm

https://mechguru.com/free-caculator/helical-compression-spring-design-calculator/

https://amesweb.info/MechanicalSprings/CompressionSpringForcedBasedDesign.aspx

https://www.engineersedge.com/calculators/comp_spring_pop.htm

https://ist.org.uk/software/

https://asmedigitalcollection.asme.org/fluidsengineering/article-abstract/69/7/725/1152601/Application-of-Tables-for-Helical-Compression-and?redirectedFrom=fulltext

Investigue na Calculadora de Primavera - Compressão Helicoidal Softwares e sua instalação em 5 softwares /aplicativos diferentes , usando uma combinação dos seguintes métodos:

i. Baixe versões gratuitas de Modern Spring Calculator - Helical Compression Softwares e execute-os localmente em seu laptop/computador.

ii. Baixe versões gratuitas de Modern Spring Calculator - Helical Compression Softwares e execute-os localmente em seu smartphone/tablet.

Este exercício treinará os alunos no uso da Calculadora Moderna de Molas - Compressão Helicoidal Softwares e suas opções disponíveis e apresentá-los à nova era da Modern Spring Calculator - Helical Compression Softwares em smartphones e tablets. Uma pequena introdução de diferentes calculadoras de mola modernas - compressão helicoidal Softwares também são abordados aqui. Eles podem ser necessários posteriormente durante seu curso, carreira e pesquisa. Também pode servir como um estudo preliminar para o aprendizado mais avançado/licenciado, como Modern Spring Calculator - Helical Compression Programas . Os resultados deverão ser demonstrados ao docente, antes da submissão. A submissão pode ser feita em cópia impressa ou eletrônica on-line. Siga as instruções subsequentes, incluindo os prazos relevantes, conforme indicado pelo docente. Os resultados esperados incluem um relatório docx /pdf, em bom formato, contendo o seguinte:

i. Uma folha de resumo da tarefa devidamente elaborada e preenchida.
ii. Os detalhes do computador/laptop sobre o qual a Modern Spring Calculator - Helical Compression Os softwares serão instalados ou as versões de software online serão acessadas.
iii. A moderna calculadora de mola gratuita - compressão helicoidal Softwares baixados e seus detalhes, incluindo detalhes de instalação.
iv. Relatório de execução da Modern Spring Calculator gratuita - Compressão helicoidal Softwares , com cenários de demonstração de entrada fornecida e saída alcançada, possíveis detalhes sobre o nível de sucesso alcançado etc. em cada um dos baixados Modern Spring Calculator - Helical Compression Programas .
v. Uma análise sucessiva das diferentes Calculadoras de Molas - Compressão Helicoidal Softwares e qual você considera melhor como software gratuito para laptop/computador.
vi. Os detalhes do smartphone/tablet sobre o qual a Modern Spring Calculator - Helical Compression Softwares serão instalados.
vii. Relatório de execução de tal Calculadora de Primavera Moderna - Compressão Helicoidal Softwares em smartphones/tablets, com cenários de demonstração de entrada fornecida e saída alcançada, possíveis detalhes sobre o nível de sucesso alcançado, etc. em cada uma das Calculadoras Modernas de Primavera - Compressão Helicoidal Programas .

viii. Uma análise sucessiva das diferentes Calculadoras de Molas - Compressão Helicoidal Softwares e qual você considera o melhor suporte para smartphones/tablets.

ix. Um capítulo de conclusões abrangente.

x. Referências em questão.

xi. Seção "Apêndice" que possui basicamente 3 partes: a primeira parte trata da alocação de tarefas no grupo, a segunda parte a atribuição do agendamento de tarefas e a terceira parte trata das notas de supervisão da reunião e das orientações nelas fornecidas.

7.2 Tarefa 30 : Calculadora de deflexão angular de eixo oco Programas .

Recomendação: realizar em grupos de 2 alunos

Tempo prático sugerido – cerca de 6 horas

Você pode consultar os seguintes sites e mais fontes:

https://engineering.icalculator.com/angular-deflection-of-hollow-axis-calculator.html
https://www.easycalculation.com/engineering/mechanical/angular-deflection-hollow-cylinder.php
https://www.azcalculator.com/calc/torsional-angular-axis-deflection.php
https://amesweb.info/Torsion/torsion-of-axis-calculator.aspx
https://roymech.org/Useful_Tables/Drive/Shaft_deflections.html
https://iopscience.iop.org/article/10.1088/1757-899X/776/1/012019/pdf
https://www.omnicalculator.com/physics/shaft-size
https://www.sciencedirect.com/topics/engineering/angular-deflection
https://www.converteracessório.com/ss/case2.php
https://sinadrives.com/en/deflection-calculation/

Investigue na calculadora de deflexão angular de eixo oco Softwares e sua instalação em 5 softwares /aplicativos diferentes , usando uma combinação dos seguintes métodos:

i. Baixe versões gratuitas dessa calculadora moderna de deflexão angular de eixo oco Softwares e execute-os localmente em seu laptop/computador.

ii. Baixe versões gratuitas dessa calculadora moderna de deflexão angular de eixo oco Softwares e execute-os localmente em seu smartphone/tablet.

Este exercício treinará os alunos no uso de tal calculadora moderna de deflexão angular de eixo oco Softwares e suas opções disponíveis e apresentá-los à nova era da moderna calculadora de deflexão angular de eixo oco Softwares em smartphones e tablets. Uma pequena amostra de diferentes calculadoras modernas de deflexão angular de eixo oco Softwares também são abordados aqui. Eles podem ser necessários posteriormente durante seu curso, carreira e pesquisa. Também pode servir como um estudo preliminar para o aprendizado mais avançado/licenciado, como Calculadora Moderna de Deflexão Angular de Eixo Oco Programas . Os resultados deverão ser demonstrados ao docente, antes da submissão. A submissão pode ser feita em cópia impressa ou eletrônica on-line. Siga as instruções subsequentes, incluindo os prazos relevantes, conforme indicado pelo docente. Os resultados esperados incluem um relatório docx /pdf, em bom formato, contendo o seguinte:

i. Uma folha de resumo da tarefa devidamente elaborada e preenchida.
ii. Os detalhes do computador/laptop sobre o qual a Calculadora Moderna de Deflexão Angular de Eixo Oco Os softwares serão instalados ou as versões de software online serão acessadas.
iii. A calculadora gratuita de deflexão angular moderna de eixo oco Softwares baixados e seus detalhes, incluindo detalhes de instalação.
iv. Relatório de execução da moderna calculadora de deflexão angular de eixo oco gratuita Softwares , com cenários de demonstração de entrada fornecida e saída alcançada, possíveis detalhes sobre o nível de sucesso alcançado etc. em cada um dos baixados como Calculadora Moderna de Deflexão Angular de Eixo Oco Programas .
v. Uma análise sucessiva das diferentes calculadoras modernas de deflexão angular de eixo oco Softwares e qual você considera melhor como software gratuito para laptop/computador.
vi. Os detalhes do smartphone/tablet sobre o qual a Calculadora Moderna de Deflexão Angular de Eixo Oco Softwares serão instalados.
vii. Relatório de execução de tal calculadora moderna de deflexão angular de eixo oco Softwares em smartphones/tablets, com cenários de demonstração de entrada fornecida e saída alcançada, possíveis detalhes sobre o nível de sucesso alcançado, etc. em cada uma das Calculadoras Modernas de Deflexão Angular de Eixo Oco Programas .

viii. Uma análise sucessiva das diferentes calculadoras modernas de deflexão angular de eixo oco Softwares e qual você considera o melhor suporte para smartphones/tablets.

ix. Um capítulo de conclusões abrangente.

x. Referências em questão.

xi. Seção "Apêndice" que possui basicamente 3 partes: a primeira parte trata da alocação de tarefas no grupo, a segunda parte da atribuição de agendamento de tarefas e a terceira parte trata das notas de supervisão da reunião e das orientações nelas fornecidas.

7.3 Tarefa 31 : Calculadora de Força Aplicada e Extensão Programas .

Recomendação: realizar em grupos de 2 alunos

Tempo prático sugerido – cerca de 6 horas

Você pode consultar os seguintes sites e mais fontes:

https://engineering.icalculator.com/applied-force-and-extension-calculator.html

https://calculator.academy/extension-force-calculator/

https://calculator.academy/applied-force-calculator/

https://www.easycalculation.com/engineering/electrical/stiffness-applied-force-extension.php

https://skyciv.com/quick-calculators/hookes-law-calculator/

https://webshop.alcomexsprings.com/calculator/tension/

https://www.tokaibane.com/en/cl/extension-spring-calculator/

https://www.omnicalculator.com/physics/elastic-potential-energy

https://ezcalc.me/hookes-law-calculator/

Investigue na Calculadora de Força Aplicada e Extensão Softwares e sua instalação em 5 softwares /aplicativos diferentes , usando uma combinação dos seguintes métodos:

i. Baixe versões gratuitas dessa calculadora moderna de força aplicada e extensão Softwares e execute-os localmente em seu laptop/computador.

ii. Baixe versões gratuitas dessa calculadora moderna de força aplicada e extensão Softwares e execute-os localmente em seu smartphone/tablet.

Este exercício treinará os alunos no uso de tais calculadoras modernas de força aplicada e extensão. Softwares e suas opções disponíveis e apresentá-los à nova era da Moderna Força

Aplicada e Calculadora de Extensão Softwares em smartphones e tablets. Uma pequena amostra de diferentes calculadoras modernas de força aplicada e extensão Softwares também são abordados aqui. Eles podem ser necessários posteriormente durante seu curso, carreira e pesquisa. Também pode servir como um estudo preliminar para o aprendizado mais avançado/licenciado, como Força Aplicada Moderna e Calculadora de Extensão Programas . Os resultados deverão ser demonstrados ao docente, antes da submissão. A submissão pode ser feita em cópia impressa ou eletrônica on-line. Siga as instruções subsequentes, incluindo os prazos relevantes, conforme indicado pelo docente. Os resultados esperados incluem um relatório docx /pdf, em bom formato, contendo o seguinte:

i. Uma folha de resumo da tarefa devidamente elaborada e preenchida.
ii. Os detalhes do computador/laptop sobre o qual a Calculadora Moderna de Força Aplicada e Extensão Os softwares serão instalados ou as versões de software online serão acessadas.
iii. A calculadora moderna gratuita de força aplicada e extensão Softwares baixados e seus detalhes, incluindo detalhes de instalação.
iv. Relatório de execução da Calculadora Moderna de Força Aplicada e Extensão gratuita Softwares , com cenários de demonstração de entrada fornecida e saída alcançada, possíveis detalhes sobre o nível de sucesso alcançado, etc. em cada um dos baixados como Calculadora Moderna de Força Aplicada e Extensão Programas .
v. Uma análise sucessiva das diferentes Calculadoras Modernas de Força Aplicada e Extensão Softwares e qual você considera melhor como software gratuito para laptop/computador.
vi. Os detalhes do smartphone/tablet sobre o qual a Calculadora Moderna de Força Aplicada e Extensão Softwares serão instalados.
vii. Relatório de execução de tal calculadora moderna de força aplicada e extensão Softwares em smartphones/tablets, com cenários de demonstração de entrada fornecida e saída alcançada, possíveis detalhes sobre o nível de sucesso alcançado, etc. em cada uma das Calculadoras Modernas de Força Aplicada e Extensão Programas .
viii. Uma análise sucessiva das diferentes calculadoras modernas de força aplicada e extensão Softwares e qual você considera o melhor suporte para smartphones/tablets.

ix. Um capítulo de conclusões abrangente.

x. Referências em questão.

xi. Seção “Apêndice” que possui basicamente 3 partes: a primeira parte trata da alocação de tarefas no grupo, a segunda parte da atribuição de agendamento de tarefas e a terceira parte trata das notas de supervisão da reunião e das orientações nelas fornecidas.

7.4 Tarefa 32 : Calculadora de padrão de parafuso Programas .

Recomendação: realizar em grupos de 2 alunos

Tempo prático sugerido – cerca de 6 horas

Você pode consultar os seguintes sites e mais fontes:

https://mechanicalc.com/calculators/bolt-pattern-force-distribution/

http://theoreticalmachinist.com/BoltCircleCalc

https://littlemachineshop.com/mobile/bolt_circle.php

https://littlemachineshop.com/mobile/bolt_circle_dia.php

https://www.blocklayer.com/pitch-circle-diameter

https://electricscooterparts.com/bolt-circle-diameter-calculator.html

https://www.omnicalculator.com/construction/bolt-circle

https://www.engineersedge.com/calculators/bolt-circle-coordinate.htm

https://clearcalcs.com/freetools/free-steel-bolt-group-análise-calculator/au

https://mechanicalc.com/calculators/bolt-pattern-force-distribution/validation

https://www.gtsparkplugs.com/Bolt-Circle-Calculator.html

https://baylighting.net/bolt-circle-calculator/

https://tiresize.com/bolt-pattern-finder/

https://hankselectric.supply/Light-Pole-Base-Bolt-Circle-Calculator_ep_43-1.html

http://www.doov.com/cgi-bin/bolthole.cgi?d=6&num=8&xoffset =..

https://www.gtsparkplugs.com/Bolt-Circle-Distance-Calculator.html

https://www.amazon.com/Red-5-Apps-Pattern-Calculator/dp/B00DYEZKI6

https://toponlinetool.com/bolt-circle-calculator/

https://www.easycalculation.com/engineering/mechanical/bolt-circle-calculator.php

https://www.engineersedge.com/calculators/bolt-circle-odd-holes-calc-3.htm

https://ozseals.com/bolt-hole-circle-calculator/

https://www.cncookbook.com/bolt-circle-calculator-free/

https://www.wolftoothcomponents.com/pages/how-to-measure-bolt-circle-diameter-bcd

https://play.google.com/store/apps/details?id=com.microtechstelladata.boltcircle.cncboltcircle&hl=en&gl=US

https://cncdirt.com/bolt-circle-calculator-3/

https://www.hobby-machinist.com/threads/bolt-hole-pattern-calculator.14282/

https://cplusplus.com/forum/beginner/37101/

https://cnc-bolt-circle.en.softonic.com/android

https://appadvice.com/app/mc-bolt-circle-calculator/738116241

http://www.machinist-calculator.com/Bolt-Circle-Calculator.html

Investigue na Calculadora de Padrão de Parafuso Softwares e sua instalação em 5 softwares /aplicativos diferentes , usando uma combinação dos seguintes métodos:

i. Baixe versões gratuitas dessa calculadora moderna de padrões de parafusos Softwares e execute-os localmente em seu laptop/computador.
ii. Baixe versões gratuitas dessa calculadora moderna de padrões de parafusos Softwares e execute-os localmente em seu smartphone/tablet.

Este exercício treinará os alunos no uso da Calculadora Moderna de Padrão de Parafuso Softwares e suas opções disponíveis e apresentá-los à nova era dessa Calculadora Moderna de Padrão de Parafuso Softwares em smartphones e tablets. Uma pequena amostra de diferentes calculadoras de padrões de parafusos modernos Softwares também são abordados aqui. Eles podem ser necessários posteriormente durante seu curso, carreira e pesquisa. Também pode servir como um estudo preliminar para aprender mais avançado/licenciado, como Modern Bolt Pattern Calculator Programas . Os resultados deverão ser demonstrados ao docente, antes da submissão. A submissão pode ser feita em cópia impressa ou eletrônica on-line. Siga as instruções subsequentes, incluindo os prazos relevantes, conforme indicado pelo docente. Os resultados esperados incluem um relatório docx /pdf, em bom formato, contendo o seguinte:

i. Uma folha de resumo da tarefa devidamente elaborada e preenchida.
ii. Os detalhes do computador/laptop sobre o qual a Calculadora de Padrão de Parafuso Os softwares serão instalados ou as versões de software online serão acessadas.
iii. calculadora gratuita de padrões de parafusos modernos Softwares baixados e seus detalhes, incluindo detalhes de instalação.

iv. Calculadora Modern Bolt Pattern gratuita Softwares , com cenários de demonstração de entrada fornecida e saída alcançada, possíveis detalhes sobre o nível de sucesso alcançado etc. em cada Software Bolt Pattern Calculator .

v. Uma análise sucessiva das diferentes calculadoras modernas de padrões de parafusos Softwares e qual você considera melhor como software gratuito para laptop/computador.

vi. Os detalhes do smartphone/tablet sobre o qual a Calculadora Moderna de Padrão de Parafuso Softwares serão instalados.

vii. Relatório de execução dessa calculadora de padrão de parafuso Softwares em smartphones/tablets, com cenários de demonstração de entrada fornecida e saída alcançada, possíveis detalhes sobre o nível de sucesso alcançado, etc. em cada software Bolt Pattern Calculator .

viii. Uma análise sucessiva das diferentes calculadoras modernas de padrões de parafusos Softwares e qual você considera o melhor suporte para smartphones/tablets.

ix. Um capítulo de conclusões abrangente.

x. Referências em questão.

xi. Seção "Apêndice" que possui basicamente 3 partes: a primeira parte trata da alocação de tarefas no grupo, a segunda parte da atribuição de agendamento de tarefas e a terceira parte trata das notas de supervisão da reunião e das orientações nelas fornecidas.

7.5 Tarefa 33 : Calculadora de amplitude Programas .

Recomendação: realizar em grupos de 2 alunos

Tempo prático sugerido – cerca de 6 horas

Você pode consultar os seguintes sites e mais fontes:

https://awc.org/calculators/span-options-calculator-for-wood-joists-and-rafters/

https://www.mycarpentry.com/span-tables.html

https://www.timberbeamcalculator.co.uk/en-gb/span-tables/

https://www.anthonyforest.com/ewp/powerful-solutions-span-calculator.shtml

https://www.mitek.co.uk/span-calculator/

https://www.timberbeamcalculator.co.uk/en-gb/span-table/floor-joists?load=1.5&class=C24

https://www.plib.org/resources/calculators/max-span/
https://apps.apple.com/us/app/span-calc/id380481343
https://www.myespresso.com/financial-calculator/span-calculator
https://upstox.com/calculator/span-calculator/
https://www.southernpine.com/span-tables/
https://www.decks.com/calculators/joist-span-calculator
https://www.omnicalculator.com/construction/wood-beam-span
https://www.plib.org/resources/calculators/span-options/
https://awc.org/awc-releases-updates-to-span-calculator/
https://evolventdesign.com/pages/gear-span-calculator
https://www.samco.in/calculators/span-margin-calculator
https://play.google.com/store/apps/details?id=com.awc.spancalc.a&hl=en&gl=US
https://skyciv.com/quick-calculators/flooring-joist-span-calculator/
https://fyers.in/calculator/margin/span/
https://awinet.org/shelf-span/
https://calculator.academy/rafter-span-calculator/
https://www.festoolownersgroup.com/building-materials/span-chartscalculator-for-4x-lumber/
https://build.decksgo.com/calculators/beam-span-calculator.php
https://play.google.com/store/apps/details?id=com.sa.joistSpanCalc&hl=en_ZA
https://apps.apple.com/tr/app/span-calc/id380481343

Investigue na calculadora Span Softwares e sua instalação em 5 softwares /aplicativos diferentes , usando uma combinação dos seguintes métodos:

i. Baixe versões gratuitas dessa Calculadora Moderna de Span Softwares e execute-os localmente em seu laptop/computador.
ii. Baixe versões gratuitas dessa Calculadora Moderna de Span Softwares e execute-os localmente em seu smartphone/tablet.

Este exercício treinará os alunos no uso da Calculadora de Span Moderna Softwares e suas opções disponíveis e apresentá-los à nova era dessa Calculadora Moderna de Span Softwares em smartphones e tablets. Uma pequena amostra de diferentes calculadoras de extensão moderna Softwares também são abordados aqui. Eles podem ser necessários posteriormente durante seu curso, carreira e pesquisa. Também pode servir como um estudo preliminar para aprender mais avançado/licenciado, como Modern Span Calculator Programas . Os resultados deverão ser demonstrados ao docente, antes da submissão. A submissão pode ser feita em cópia impressa ou eletrônica on-line. Siga as instruções subsequentes, incluindo os prazos relevantes, conforme indicado pelo docente. Os resultados esperados incluem um relatório docx /pdf, em bom formato, contendo o seguinte:

i. Uma folha de resumo da tarefa devidamente elaborada e preenchida.
ii. Os detalhes do computador/laptop sobre o qual a Calculadora de Span Moderna Os softwares serão instalados ou as versões de software online serão acessadas.
iii. calculadora moderna gratuita de span Softwares baixados e seus detalhes, incluindo detalhes de instalação.
iv. Relatório de execução da Calculadora Modern Span gratuita Softwares , com cenários de demonstração de entrada fornecida e saída alcançada, possíveis detalhes sobre o nível de sucesso alcançado etc. em cada Calculadora de Span Programas .
v. Uma análise sucessiva das diferentes Calculadoras Modernas de Span Softwares e qual você considera melhor como software gratuito para laptop/computador.
vi. Os detalhes do smartphone/tablet sobre o qual a Calculadora de Span Moderna Softwares serão instalados.
vii. Relatório de execução dessa Calculadora Moderna de Span Softwares em smartphones/tablets, com cenários de demonstração de entrada fornecida e saída alcançada, possíveis detalhes sobre o nível de sucesso alcançado, etc. em cada software Span Calculator .
viii. Uma análise sucessiva das diferentes Calculadoras Modernas de Span Softwares e qual você considera o melhor suporte para smartphones/tablets.
ix. Um capítulo de conclusões abrangente.
x. Referências em questão.
xi. Seção "Apêndice" que possui basicamente 3 partes: a primeira parte trata da alocação de tarefas no grupo, a segunda parte da atribuição de agendamento de tarefas e a terceira parte trata das notas de supervisão da reunião e das orientações nelas fornecidas.

Seção 8: Conclusão.

8.1 Resumo deste Manuscrito.

Este manuscrito contém 34 exercícios práticos criteriosamente preparados no domínio das TIC para a capacitação humana para ajudar os formadores no ensino de níveis introdutórios de TIC ou qualquer outro programa relacionado com a capacitação. Este manuscrito de apoio destina-se a ajudar os formadores/académicos mais jovens a compreender os tópicos a serem definidos como exercícios práticos valiosos para os alunos. Naturalmente, os softwares a instalar podem estar em qualquer idioma aprovado pelo formador. O formato de apresentação dos exercícios é semelhante. O objetivo deste formato semelhante é produzir exercícios coesos e independentes e mais fáceis de entender. Os académicos/treinadores mantêm a sua discrição para adaptar os exercícios à sua adequação e ajustar os critérios de classificação.

8.2 Premissas Consideradas.

Todos os estudos são geralmente baseados em certas suposições viáveis. As suposições para este manuscrito são as seguintes:

1. O hardware necessário para os exercícios correspondentes é disponibilizado aos alunos. Isso pode ser feito pelo fornecimento dos materiais pela escola ou pelos alunos que os obtêm por meio de patrocínio ou compra própria.
2. Os alunos têm bons níveis de proficiência para iniciantes no uso de computadores e smartphones.
3. Os alunos são suficientemente proficientes numa língua de redação de relatórios, seja inglês ou outras línguas, para redigir os relatórios apropriados e elaborar boas folhas de resumo do seu trabalho para facilitar a compreensão do trabalho.
4. Espera-se o aperfeiçoamento contínuo das habilidades de redação de relatórios, embora o nível de redação de relatórios esperado possa ser alterado pelos treinadores.
5. Os alunos têm smartphones ou tablets suficientemente potentes.
6. Espera-se um acompanhamento próximo dos treinadores e o trabalho em grupo é aplicado quando necessário.

8.3 Fundamentação para Obras Futuras.

O trabalho aqui apresentado abre perspectivas de mais trabalhos incluídos, mas não limitados a softwares nas seguintes áreas ou subcampos possíveis: Multimídia, Engenharia, Negócios e Gestão, Empoderamento pessoal e feminino, Melhoria na gama de habilidades do programador, Melhoria na gama de habilidades técnicas Competências e Melhoria em Segurança em ferramentas TIC.

Mais questões de atribuição deste tipo poderão ser concebidas no futuro, para enriquecer futuros formadores no desenvolvimento dos seus programas de formação.

MIX
Papier aus verantwortungsvollen Quellen
Paper from responsible sources
FSC® C105338

Printed by Books on Demand GmbH, Norderstedt / Germany